ESG 경영혁신
글로벌 초일류 기업에서 배워라!

ESG 경영 혁신

**'ESG 전문가' 최남수 교수의
ESG 경영사례 연구**

글로벌 초일류
기업에서 배워라!

최남수 지음

도서출판 새빛
SAEVIT

혁신을 통해 완성되는 ESG 경영

환경과 사회, 그리고 지배구조를 뜻하는 ESG는 이제 기업 경영의 기본 틀로서 자리를 잡았다. 기업들은 ESG 경영을 위한 내부 체제를 정비하고 있다. 대기업들은 어느 정도 진전을 보이고 있지만, 중소기업들은 여전히 힘겨워하는 상태이다. 이와 별도로 국내외에서는 지속가능 공시, 탄소국경제도, 공급망 실사, 그린워싱 규제 등 다양한 제도들이 마련되면서 ESG는 빠르게 제도화의 국면에 들어서고 있다.

국내에서 ESG 경영이 본격적으로 화두가 된 것은 최근 3년여 정도. 한 가지 중요한 질문을 던져보게 된다. 기업들은 ESG를 어떻게 이해하고 있고 어떤 동기로 ESG 경영에 나서고 있을까? 국내외 기업인들의 ESG에 대한 인식을 비교해보면 뚜렷한 차이점을 느끼게 된다. 국내에서는 ESG를 제도와 규제로 보는 시각이 일반적인 듯하다. 논의가 주로 여기에서 머물고 있다. 하지만 외국 기업인들은 ESG를 규제보다는 성장과 기업가치 제고를 위한 기회로 보고 있는 것으로 각종 조사에서 나타나고 있다.

ESG 경영을 한마디로 정의하면 환경을 보호하고 사람을 돌보는 투명하고 윤리적인 경영을 말한다. 이를 통해 기업 외부의 환경과 경제, 사회를 건강하게 만들고 기업 스스로도 성장기반을 확충하며 중장기 가치를 제고해가자는 것이다. 제도와 규제가 ESG가 발을 짚고 서 있는 '땅'이라면 기업가치 제고가 ESG를 하는 본질적 목적인 '별'이라는 얘기다. 그래서 ESG를 제도와 규제로만 보는 시선이 우려스럽다. 제도에 적응하기 위해 부산하게 움직이고 지속가능경영보고서를 잘 쓰기 위해 노력하는 등의 일도 중요하다. 하지만 형식에 담는 실질적인 내용이 더 중요하다. 형식에 과몰입하면 자칫 기업가치 제고라는 '별'을 보는 시선을 놓칠 수 있다. 특히 기업가치 제고는 ESG를 경영 전반에 내재화하고 이를 통해 혁신을 이뤄냄으로써 실현될 수 있는데 이에 대한 논의가 부족한 점이 아쉽다.

ESG 경영혁신 글로벌 초일류 기업에서 배워라!

이 책을 집필하게 된 동기이다. 왜 ESG 경영을 하는지에 대한 이유를 짚어보고 싶었다. 이런 맥락에서 ESG 경영을 통해 기업가치 제고를 실현한 글로벌 초일류 기업에 초점을 맞추게 됐다. 그들은 어떻게 ESG 경영을 내재화했는지, 그 과정에서 경영혁신을 어떻게 추진했는지, 그리고 이를 통해 어떻게 기업가치를 올렸는지 등을 살펴보았다. 대상 기업은 ESG 등급 평가기관인 MSCI의 등급을 기준으로 최상위 성적(AAA 또는 AA) 받은 오스테드, 네스테, 마이크로소프트, 유니레버, 코카콜라, 베스트 바이, 소프트뱅크 그룹 7개 글로벌 기업을 선정했다. 이들 기업은 에너지, IT, 생활용품, 음료, 유통, 금융 등 다양한 업종에 분포돼 있어 산업별 ESG 경영의 특성을 살펴볼 수도 있을 것이다.

국내 기업은 이 책을 통해 ESG 경영을 성공적으로 실행하고 있는 모범기업으로부터 한 수 배우는 기회를 가질 수 있다. 물론 글로벌 초일류 기업인만큼 이들이 해온 ESG 경영의 수준 자체가 국내 기업으로서는 부담스러울 수 있다. 탄소중립 시기를 웬만한 국가보다 더 앞당기고 협력업체들에도 ESG 경영의 수위를 높이도록 유도해가는 등의 방식이 그렇다. 중요한 점은 이들 기업이 ESG를 강도 높게 실천함으로써 비즈니스 모델 자체를 크게 혁신하고 기업가치를 단단하게 다져갔다는 점이다. 'ESG 경영은 이렇게 하는 것이다'라는 점을 보여주고 있는 이들에게서 배워야 할 이유이다.

필자는 그동안 ESG와 관련해 『이해관계자자본주의』, 『넥스트ESG』, 『생물다양성 경영』 등 모두 세 권의 저서를 펴냈다. 이번 저서는 글로벌 초일류 기업의 지속가능경영보고서와 이들 기업에 대해 분석한 자료 등을 참고해 작성됐다. 그동안 소개해온 ESG 경영에 대한 다양한 논의가 실제 현장에서 어떻게 실천되고 있는지를 집중적으로 살펴보는 과정이어서 집필 자체가 흥미로운 'ESG 체험의 여정'이었다. 아무쪼록 이 책이 ESG 경영의 좌표를 찾아가고자 하는 기업인들에게 그 진로를 보여줄 수 있는 역할을 했으면 한다.

ESG 관련 네 번째 저술을 완성할 수 있도록 능력과 지혜를 주신 하나님께 감사드린다. '삶의 동지'로 동행하고 있는 아내, 늘 등 두드려주시는 어머님과 장모님을 비롯한 가족에게 사랑의 마음을 전한다. 오랜 기간 출간의 길을 함께 해오신 도서출판 새빛의 전익균 대표님과 임직원께도 감사한 마음이다.

2024년 3월
우보愚步 최남수

차례

3장   ESG 경영 주요 이슈

1장

Ørsted nESTE ■■ Microsoft

ESG를
제대로 보는 시선

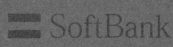

단기적으로는 규제나 비용 증가 등으로 기업에 부담이
될 수도 있지만, 길게 보고 ESG 경영을 잘해나가면
기업가치 상승이라는 긍정적 결과가 주어진다.

기업가치 제고가
ESG 경영의 핵심

최근 ESG(환경, 사회, 지배구조)의 중요한 흐름은 제도화이다. ESG가 무엇인지, 왜 그리고 어떻게 해야 하는지 등에 논의가 집중돼오다가 이제는 관련된 규제 또는 제도가 활발하게 만들어지는 단계에 들어섰다. 제일 먼저 눈에 띄는 제도화는 ESG 관련 내용을 공시하도록 하는 지속가능 또는 기후 공시이다. 지속가능성기준위원회^{ISSB}의 경우 글로벌 공시 기준을 내놓으며 일반 요구사항인 S1과 기후 관련 요구사항인 S2를 제시했다. EU^{유럽연합}도 집행위원회가 지속가능성 보고지침^{CSRD} 기준인 ESRS^{유럽 지속가능성 공시} ^{기준} 최종본을 채택했다. 또 미국에서는 증권거래위원회^{SEC}가 기후공시안 확정을 위한 막바지 작업을 진행하고 있다. 이에 앞서 캘리포니아주는 일정 기준 이상의 기업들이 공급망에서의 탄소

배출인 스코프 3를 포함한 온실가스 배출 데이터를 공시하도록 의무화하는 내용의 '기후 기업데이터 책임법안Climate Corporate Data Accountability Act'을 마련했다.

이뿐만이 아니다. EU에서는 철강, 알루미늄, 비료, 시멘트, 수소, 전력 등 6개 품목의 탄소 배출량에 대해 금전적 부담을 물리는 내용의 탄소국경조정제도CBAM가 확정돼 2026년부터 본격 시행에 들어간다. 영국도 2027년부터 CBAM을 도입하기로 했다. EU는 또 공급망에서의 환경 훼손 및 인권 침해를 실사하는 내용의 공급망 실시지침CSDDD의 확정을 앞두고 있다. 실제로는 그렇지 않은데 친환경 경영이나 제품인 것처럼 꾸미는 그린워싱에 대한 규제도 강화되고 있다. 공정거래위원회가 '환경 관련 표시·광고 심사지침' 개정안을 내놓은 데 이어 환경부도 '친환경·경영 활동 표시·광고 가이드라인'을 발간했다.

이처럼 제도가 잇따라 나오다 보니 ESG를 바라보는 시선도 규제 대응에 쏠리고 있는 게 현실이다. 아무래도 눈에 보이는 제도가 가장 민감하게 다가오는 것은 불가피할 것이다. 문제는 제도에 과몰입한 결과 당초 ESG 경영을 왜 하려고 했는지, 본래의 뜻을 잊어버리는 오류가 생길 수 있다는 데 있다. ESG는 환경을 보존하고 사람을 돌보는 투명하고 윤리적인 경영을 하자는 데 초점을 맞추고 있다. 다시 말해 기업의 경영 및 생산활동 전반에 환경, 사회, 지배구조의 가치를 반영함으로써 기업의 중장기 가치를 제고하자는 데 그 목적이 있다. 여기에서 중요한 점은 '중장기 기업가치의 제고'라는 점이다. 단기적으로는 규제나 비용 증가 등으로 기업에 부담이 될 수도 있지만, 길게 보고 ESG 경영을 잘해나가면 기업가치 상승이라는 긍정적 결과가 주어진다는 얘기다. 예컨대 탄소배출 감축의 경우를 보자. 탄소배출을 줄이기 위해 연구개발이나 신규 저탄소 시설에 대규모 투자를 하다 보면 단기적으로는 이익이 줄어들 수도 있다. 하지만 이같은 투자를 통해 그린 기업으로 거듭나게 되면 시장에서 좋은 평가를 받게 돼 새로운 성장 동력을 확보하고 자본조달 금리도 낮아지며 인재가 몰리는 등 긍정적 효과를 누릴 수 있게 된다.

실제로 기업가치는 수익성과 존속기간, 그리고 미래의 가치를 현재가치로 환산하는 할인율에 의해 좌우된다. 수익성이 높을수록, 기업의 존속기간이 길수록, 할인율이 낮을수록 기업가치는 커진다. 그런데 ESG 경영을 잘하는 기업은 중장기적으로 수익성이 올라가고, 존속기간이 길어진다. 또 관련 리스크가 낮아지기 때문에 할인율도 낮아져 기업가치가 상승하게 되는 것이다. 규제도 규제시만 ESG가 가져다주는 이같은 가치 제고의 선순환을 바라보고 ESG 경영을 해나가는 게 정답이라고 본다.

ESG 경영에 임하고 있는 CEO들의 생각을 들여다보자. KPMG가 전 세계 1,300명 이상의 CEO를 대상으로 조사한 결과를 보면, CEO 대다수가 가치 창출을 위해 ESG를 비즈니스 전반에 내재화하고 있다고 응답한 것으로 나타났다. 이들 CEO는 특히 ESG 경영에 대한 이해관계자의 기대를 충족시키지 못하면 경쟁력을 잃고, 자금조달 비용이 올라가며, 인재 채용에도 어려움이 생길 것으로 우려하고 있다. ESG 경영의 주목적이 기업가치 제고임을 분명히 하고 있는 것이다. KPMG의 또 다른 조사('미국 ESG 및 재무가치 조사')도 같은 결과를 제시하고 있다. 기업 리더 중 43%가 ESG가 재무적 성과를 개선하고 있다고 응답했는데 이는 재무 성과를 축소시킨다는 부정적 응답 비율 6%를 크게 상회한 수준이다. 이들 기업 리더는 ESG가 상당한 수준의 재무적 가치를 제고하는 영역으로 인수·합병, 새로운 자금원에 대한 접근, 세금, 고객 충성도 및 유지, 리스크 완화, 비용 축소 등을 들었다. 또 90개가 넘는 나라에서 1,100명 이상의 기업인을 대상으로 실시된 맥킨지의 글로벌 서베이 결과도 비슷한 결과를 내놓고 있다. 이 조사에서 응답자의 43%는 ESG 투자로부터 재무적 가치를 얻었다고 밝혔다. 공교롭게 응답 비율이 KPMG와 동일하다. 특히 기업인들은 ESG를 규제 대응 차원으로 보기보다는 성장 기회로 보고 있다고 답변했다. 산업별로 봐도 기업들이 ESG에 대응하는 가장 중요한 이유는 '성장 촉진Promote growth'이다.(표1 참고)

ESG 경영혁신 글로벌 초일류 기업에서 배워라!

표1 'ESG에 대응하는 가장 중요한 이유' 산업별 설문조사 결과(%)

Low ▢▢▢▢▢ High

	Promote growth	Meet regulatory or Industry Requirements	Meet consumer expectations	Improve corporate reputation	Meet investor expectations	Attract, motivate, and/or retain employees
Oil and gas electric power and nature gas	53	32	49	11	18	24
Consumer packaged goods / retail	51	32	40	22	7	18
High tech / telecom	49	36	23	16	27	36
Business, legal, and professional services	48	21	31	32	9	26
Healthcare / Pharma and medical products	40	51	24	17	36	19
Public and social sectors	34	45	20	23	6	19
Financial services	32	46	23	23	32	13
Total	44	38	31	24	20	19

자료: McKinsey & Company(2023.5.26.), 'ESG momentum: Seven Reported traits that set organizations apart'

실제로 ESG 경영이 가져오는 선순환의 효과를 보여주는 분석이 적지 않다. 대표적인 분석은 ESG가 가치를 창출하는 다섯 기지 방법을 제시한 맥킨지의 보고서이다. 이 보고서에 따르면 ESG는 먼저 기업이 새로운 시장에 진입하고 기존 시장을 확장하는 데 도움을 준다. 예컨대, 정부가 기업을 신뢰하게 되면 기업에 새로운 성장 기회를 줄 수 있는 시장 접근을 허용하거나 사업 승인 등을 할 수 있다. 미국 캘리포니아주의 롱비치시는 대규모 인프라 공사를 발주할 때 과거의 지속가능경영 성과를 기준으로 공사 기업을 선정했다. ESG는 제품에 대한 소비자 수요를 증가시킬 수도 있다. 조사 결과, 자동차와 전자제품 등을 구매한 소비자들은 품질에 차이가 없으면 녹색 제품에 5%를 더 지불할 수 있다는 의사를 표명했다. 유니레버의 경우 물을 훨씬 덜 쓰는 식기세제인 선라이트Sunlight를 시판했는데 소비자들의 호평을 받으면서 선라이트는 물론 다른 제품까지 덩달아 매출이 늘어나는 효과를 톡톡히 누렸다.

ESG는 비용을 크게 낮출 수도 있다. 3M은 제품 재설정, 제조공정 개선, 설비 재설계, 그리고 폐기물의 재활용 등을 통해 오염을 줄임으로써 22억 달러의 비용을 절감했다. 페덱스는 3만 5,000대의 수송 차량을 전기차 또는 하이브리드차로 전환하는 계획을 추진했는데 20%의 차량을 교체한 결과 연료 소비를 19억 리터 가까이 줄인 것으로 나타났다. 규제와 법적 개입의 가능성이 줄어드는 것도 ESG가 가져다주는 효과이다. 오히려 정부로부터 지원을 받을 수도 있다. 맥킨지의 분석 결과 미국 기업의 순익 중 규제 리스크가 있는 순익의 비율은 3분의 1에 이른다. 정부 규제가 상대적으로 강한 은행과 자동차, 항공 등 업종은 이 비율이 50~60%에 이르며 다음으로 수송(40~55%), 통신 및 미디어(40~50%), 에너지 및 소재(35~45%), 소비재(25~30%), 제약 및 헬스케어(25~30%)의 순이다. 순익에 대한 정부 규제의 영향이 이처럼 큰 만큼 ESG 평가가 좋으면 규제에 따라 순익이 변동하는 리스크를 크게 낮출 수 있는 것이다.

ESG는 또 생산성 향상을 가져올 수 있다. 실력 있는 인재를 확보하고, 기업의 목적에 대한 공감대 형성을 통해 동기부여를 함으로써 생산성을 제고할 수 있다. 런던 비즈니스스쿨의 알렉스 에드먼스는 포춘지가 선정한 '일하기 좋은 100대 기업'을 대상으로 25년간에 걸쳐 조사한 결과 이들 기업의 주가수익률이 다른 기업보다 2.3~3.8% 포인트 높은 것으로 나타났다고 밝혔다. 이밖에 ESG는 자본을 더 유망하고 지속가능한 기회에 배분함으로써 투자 수익률을 높이는 효과를 가져올 수 있다.

MSCI는 2007년 1월부터 2017년 5월까지 MSCI World Index에 포함된 1,600개 이상의 종목을 대상으로 현금흐름 등 세 가지 측면에서 ESG가 기업 가치 평가에 미치는 영향을 분석했다. 결과는 긍정적이었다. 먼저 ESG 등급이 가장 높은 기업은 등급이 바닥권인 기업에 비해 더 수익성이 높았고, 이에 따라 더 많은 배당금을 지급한 것으로 나타났다. 또 ESG 등급이 높을수록 기업 특유의 리스크로 인한 사건 발생 빈도도 등급이 취약한 기업보다 낮았다. 이와 함께 ESG 고髙등급 기업은 자본비용이 낮아 기업가치가 높게 평가됐다.

캐나다의 금융정보회사인 코퍼릿 나잇츠Corporate Knights의 분석은 ESG 경영이 성과에 가져오는 영향은 물론 경영 행위의 차별성을 잘 보여주고 있다. 이 분석 결과를 보면, 2021년 중 글로벌 100대 지속가능 기업의 주가수익률은 MSCI ACWIAll Country World Index를 22% 웃돌았으며, 2005년 2월 이래 투자수익률도 331%로 ACWI의 279%를 크게 상회했다. 이들 기업의 주가수익률이 이같이 높게 나타난 것은 적극적으로 ESG 경영을 한 데 따른 것이라고 이 회사는 분석하고 있다. 실제로 글로벌 100대 지속가능 기업은 자본지출과 연구개발, 인수합병의 48%를 친환경 투자에 집중한 반면 ACWI 기업의 이 비율은 34%에 그쳤다. 근로자 평균 급여 대비 CEO 보수의 비율도 ACWI기업은 140배에 달한 반면 글로벌 100대 기업은 111배로 이보다 낮았다. 경영진 보수를 지속가능 목표치에 연계한 기업 비중의 경우 글로벌 100대 기업은 87%로 10개 기업 중 9개가 여기에 해당한 반면 ACWI기업은 34%에 그쳐 큰 차이를 보여주었다.

국내 연구 결과도 있다. 자본시장연구원(2022)은 재무적으로 중요한 활동에 집중해 ESG 성과를 개선한 기업은 주식시장에서 장기간 초과수익률을 달성했을 뿐만 아니라 높은 ESG 성과를 지속해서 유지하는 것으로 나타났다고 분석했다. 또 김범석·민재형(2016)은 환경, 사회, 지배구조 등 비재무적 성과가 좋은 기업은 공통적으로 수익성과 현금창출 능력이 개선되고 지속적으로 투자활동을 수행하고 있음을 확인할 수 있었다고 진단하고 있다. 김동영(2020)도 ESG 평가등급이 잉여현금흐름에 긍정적인 영향을 미치는 것으로 추론했다.

지금까지는 총론적 관점에서 ESG 경영이 가져오는 기업가치 제고의 효과에 대해 알아봤다. 여기에서는 구체적인 ESG 이슈가 어떻게 기업가치를 제고하는지에 대해 알아보자. 맥킨지는 탈탄소가 어떻게 기업가치를 올리는지에 대해 한 보고서에서 분석하고 있다. 이 보고서에서 맥킨지는 기업의 탈탄소화로 자본과 소비자 수요가 저탄소로 이동함에 따라 2030년까지 매년 9조~12조 달러의 매출이 창출되는 기회가 생길 것이라고 내다보고 있다. 하지만 탈탄소화를 하지 않으면 좌초자산 발생, 자본조달비용 상승, 시장점유율 상실 등으로 2030년까지 기업들은 평균적으로 최대 20%의 경제적 이윤이 리스크에 직면할 것이라고 경고하고 있다. 맥킨지에 따르면 선도 기업들이 비용과 탄소배출 감축을 동시에 진행하면 탄소배출을 최대 40% 감축하고 비용도 줄여 재무 성과를 최대 15% 개선할 수 있는 것으로 나타났다. 이 때 생산비 감축은 에너지 효율 향상, 그린에너지 조달, 변동비용 축소 등에 의해 이뤄진다. 구체적인 예시를 보면, 선도 화학기업이 4만 5,000여 개 품목에 대해 각각의 탄소발자국을 계산해낼 수 있다. 이에 따라 이 기업은 실현 가능한 탈탄소 경로를 그릴 수 있게 된다. 그 결과 10~20%의 경비를 절감할 수 있을 것으로 분석된다. 탈탄소를 통해 비용을 줄여 기업가치를 제고하게 되는 것이다.

또 ESG 평가기관인 에코바디스의 분석을 보면 환경에서 높은 등급을 받은 기업은 재생에너지를 더 많이 사용하고 EBITDA(이자·법인세·감가상각 전 영업이익) 마진이 더 높은 것으로 나타났다. 특히 탄소세가 부과되고 있는 EU에서는 재생에너지 사용으로 탄소배출이 줄어들면 탄소세가 감소해 이익이 늘어나게 된다. 에코바디스는 지속가능한 공급망을 가지고 있는 기업이 그렇지 않은 기업보다 이익률이 3% 포인트 높은 것으로 분석했다. 이와 함께 다양성·형평성·포용성과 직원 만족도도 기업가치에 긍정적인 영향을 미치고 있다. 경영진에 포함된 여성 비율이 높을수록 우수한 재무적 성과를 보이고 있다. 경영진의 성별 다양성(여성 비율) 면에서 상위 25% 기업은 하위 25% 기업보다 연간 성장률이 약 2% 포인

ESG 경영혁신 글로벌 초일류 기업에서 배워라!

트, EBITDA 마진이 3% 포인트 각각 높은 것으로 나타났다. 아울러 ESG 리더 기업들은 직원 만족도가 높은데 이런 기업들은 더 빨리 성장하고 더 양호한 수익성을 기록하고 있다. 구체적으로 보면 직원 만족도가 높은 기업은 그렇지 않은 기업보다 매출 증가율이 5% 포인트, 그리고 마진이 6% 포인트 높다.

물론 ESG가 기업 성과에 미치는 긍정적 영향을 적게 인정하거나 아예 인정하지 않는 연구 결과도 있다. 군나 프리데 등 3명의 연구진(2015)은 기존 2,200여 개 연구를 종합 분석한 결과, 약 90%의 연구가 ESG와 재무적 성과 간의 상관관계가 음(-)이 아님을 보여줬다고 언급했다. 상관관계가 최소한 부정적이지는 않다는 얘기다. 이들은 특히 절반이 넘는 지배적 연구가 ESG가 재무적 성과와 긍정적 상관관계를 나타냄을 보여줬으며, 이 관계는 상당 기간에 걸쳐 안정적으로 유지됐다고 진단했다. 하지만 국제통화기금IMF은 기업의 ESG 점수와 주가 수준을 나타내는 지표인 PBR(주당순자산비율: 주가를 주당순자산가치로 나눈 값) 간의 상관관계가 매우 희박하다고 분석했다. 국내 기업을 대상으로 한 산업연구원의 연구도 비슷한 결과를 보여주고 있다. 산업연구원은 ESG와 구성 요소인 E, S, G의 등급과 기업의 자산수익률의 상관관계가 통계적으로 유의하지 않다고 진단하고 있다. ESG 경영역량 상승으로 인해 기업이 수익성이 개선되는 효과를 실증적으로 관찰할 수 없었다는 얘기다. 이는 ESG 등급의 상승에 따라 자산수익률이 동반 상승하는 의복과 의복 액세서리 제조업 같은 산업이 있는 반면 오히려 수익률이 하락하는 종합건설업 같은 산업이 혼재하고 있는데 따른 것이다. 하지만 ESG 등급이 기업의 이자 비용에 미치는 영향은 긍정적으로 나타났다. 산업연구원은 ESG와 E, S의 등급이 전년도에 비해 한 단계 상승할 때 이자 비용은 각각 0.13%포인트, 0.086%포인트, 0.063%포인트 각각 하락하는 것으로 분석됐다고 밝혔다. 이 결과는 ESG 경영역량이 신용등급에 영향을 미침으로써 결국 자금조달 비용을 결정하는 중요한 변수임을 시사하는 것이다.

종합하면 ESG가 기업 성과에 미치는 영향을 분석한 결과는 다소 엇갈리는 모습이지만 긍정적 영향이 있다고 진단하는 분석이 더 많은 편이다. 중요한 점은 ESG 경영을 잘하면 기업 실적이 개선될 가능성이 크지만, ESG 경영을 한다고 해서 자동으로 실적이 나아지는 것은 아니라는 점이다. 결국 ESG가 실적 개선의 효과를 가져오기 위해서는 다양한 부문에 걸친 경영혁신이 수반돼야 한다는 점을 강조하고 싶다.

이를 확인하기 위해 ESG 경영을 성공적으로 수행한 기업들이 어떤 특징을 보였는지를 들여다볼 필요가 있다. 사실 이에 관

ESG 경영혁신 글로벌 초일류 기업에서 배워라!

한 연구는 그리 많은 편은 아닌데 로버트 에클레스 하버드대 비즈니스스쿨 교수를 포함한 연구진 3명의 연구는 이 같은 질문에 대해 하나의 답을 주고 있다. 이들은 미국 기업 180개를 90개의 고高 지속가능기업과 90개의 저低 지속가능기업으로 나눠 전자前者 기업의 경영상 특징을 도출해냈다. 이들이 선정한 고 지속가능기업은 환경과 사회적 경영 방침을 상당수 도입한 기업인 데 비해 저 지속가능기업은 이 같은 정책을 시행하지 않은 기업이다. 고 지속가능기업은 어떤 특성을 보였을까? 먼저 이들 기업에서는 이사회가 환경 및 사회 이슈에 대해 직접적인 책임을 지는 모습을 보였다. 고 지속가능기업의 53%는 이사회에 지속가능 이슈와 관련해 공식적 책임을 부여한 반면 저 지속가능기업의 이 비율은 22%에 불과했다. 예컨대 포드의 경우 이사회 안에 설치된 지속가능위원회가 경영진이 지속가능 성장을 촉진하기 위한 정책을 실행하고 온실가스 배출에 관한 정부 규제에 대응하는 일을 지원했다. 이 위원회는 또 경영진이 전략을 수립하고, 목표를 설정하며, 지속가능성을 경영 활동에 내재화하는 일을 도왔다. 고 지속가능기업은 또 고위 경영진의 보수를 환경 및 사회 측정치에 연계하는 움직임을 보였다. 예를 들어 인텔은 1990년대 중반 이래 임원 보수를 환경 성과에 연동해 결정했으며, 2008년부터는 직원 보너스도 여기에 연계해 운용했다.

고 지속가능기업은 이해관계자와 소통하는 데도 상당히 적극적인 모습을 보였다. 이들은 지역 관리자에게 이해관계자 관리 훈련을 시키고, 장기 성장을 위해 중요한 이해관계자가 누구인지 확인했으며, 모든 이해관계자가 기업에 대해 우려하는 점을 밝힐 수 있도록 보장했다. 또 관련 이해관계자와 불만 처리 절차에 대해 상호 합의하고 이해관계자로부터의 피드백을 이사회나 핵심 부서와 공유했다. 한 마디로 이해관계자와의 소통에 있어 더 적극적이고, 더 투명하며, 더 책임 있는 자세를 보였다. 고 지속가능기업이 보인 또 다른 특징은 장기 지향성이다. 이들 기업은 애널리스트들과의 컨퍼런스 콜에서 상대적으로 장기적인 견해를 피력했으며, 그 결과 단기투자자보다는 충성도가 높은 투자자를 확보했다. 예컨대 글로벌 생활용품 기업인 유니레버에서는 CEO인 폴 폴먼이 지난 2009년 단기주의 경영에서 벗어나기 위해 분기 실적 발표를 하지 않겠다고 공표했다. 그러자 헤지펀드들이 이에 반발해 주식을 팔아치우면서 이들 펀드의 지분율이 3년 만에 15%에서 5%로 하락했다. 하지만 결과는 긍정적이었다. 폴먼의 결정은 단기 경영을 요구하는 시장에 맞서는 조치였지만 결국 단기투자자의 비중이 줄어들어 주가 변동을 줄이는 결과를 가져왔다. 폴 폴먼이 재임한 10년 동안 유니레버의 주가는 150% 상승해 FTSE 100 수익률의 두 배를 기록했다. 이처럼 ESG 경영의 결과 고 지속가능기업의 주가 수익률은 저 지속가능기업을 크게 상회했다. 1993년 초에 고 지속가능기업에 투자한 1달러는 2010년 말에 22.6달러로 불어난 데 비해 같은 기간 중 저 지속가능기업에 투자한 1달러는 15.4달러로 늘어나는 데 그쳤다.

이와 관련해 기업이 사회적 가치라는 '파이'를 키우는 게 중요하다는 알렉스 에드먼스 런던 비즈니스스쿨 교수의 시각은 주목할만하다. 에드먼스 교수는 '파이이코노믹스PIECONOMICS'라는 저서에서 파이는 사회적 가치이며 이윤은 파이의 한 부분이라고 강조한다. 기업이 장기적 관점에 집중할 때 주주, 노동자, 고객, 공급자, 지역사회 등 모든 이해관계자를 위한 파이를 키우는 방식으로 가치를 창출할 수 있다는 것이다. 파이이코노믹스는 사회를 위한 가치 창출을 통해 이윤을 추구하는 비즈니스 접근방식으로 ESG 경영과 궤를 같이하는 것이다. 대표적 사례는 글로벌 제약회사인 머크이다. 지난 1978년 머크는 가축의 기생충 감염을 치료하기 위해 자사가 개발한 이버멕틴Ivermectin이 사람의 걸리는 회선사상충의 치료제가 될 수 있다는 사실을 알아냈다. 사상충은 강변에 사는 주민들에게 실명증이나 끔찍한 고통을 겪게 하는 전염병이다. 머크는 1987년 대규모 자금을 투입해 생산한 이버멕틴을 전 세계 모든 사람에게 무상으로 제공하는 '멕티잔 기부 프로그램'을 설립해 운용하기 시작했다. 이 프로그램 덕분에 콜롬비아, 에콰도르 등 중남미 4개국에서는 강변실명증이 완전히 사라졌다. 머크는 대규모 손실을 감수한 이 같은 '선행善行'으로 사회에 공헌하는 기업이라는 명성을 갖게 됐으며 이에 따라 많은 투자자와 이해관계자가 머크에 몰려들었다. 그 결과 오늘날 2,000억 달러 이상의 기업가치를 갖는 세계 최대 제약회사로 도약하게 됐다는 에드먼스 교수의 평가이다.

다음 장에서는 모범적인 ESG 경영을 하는 초일류 글로벌 기업의 구체적인 실행 사례에 대해 알아보려고 한다. ESG 규제에 적응하는 것도 중요하고 형식적인 경영시스템을 갖추는 것도 중요하지만 진정성을 가지고 수준 높은 ESG 경영을 하는 기업으로부터 직접 배우는 게 더 의미있다고 판단했기 때문이다. 이들 ESG 경영 선도 기업은 말 그대로 혁신과 ESG의 내재화를 같이 추진하면서 기업가치 제고를 이뤄냈다. 그런 만큼 한국기업 입장에서는 이들로부터 많은 통찰력과 시사점을 얻을 수 있을 것이라고 본다. ESG 모범기업은 MSCI 등급 기준(AAA 또는 AA)으로 선별했다.

2장

 Örsted ∩ESTE ⚡ Microsoft

ESG 모범 경영
글로벌 초일류 기업

ESG 경영 모범 기업은 ESG 경영이
결국은 혁신의 과정이며 이를 통해
기업가치를 제고하는 일임을 잘 보여주고 있다.

ESG 경영혁신의 대명사 오스테드

—

오스테드Orsted는 덴마크의 에너지 기업이다. 이 기업은 ESG 경영 혁신에 있어서 정말 놀라운 성과를 이뤄낸 대표적 기업이다. 당초 계획했던 30년에서 20년을 앞당겨 불과 10년 만에 화석연료 발전 기업에서 연안 풍력 위주의 재생에너지 기업으로 변신하는 데 성공했다. 2006년에서 2020년 사이에 탄소 배출량을 무려 83%나 줄인 오스테드는 2025년에 탄소중립을 이루겠다는 야심찬 계획을 추진하고 있다. 캐나다의 기업평가기관인 코퍼릿 나이츠는 이런 성과를 인정해 지난 2020년에 오스테드를 '글로벌 지속가능기업' 1위로 선정했다. 오스테드의 순위 상승도 괄목할 만하다. 2018년에는 100개 기업 중 70위에 그쳤으나 2019년에 4위로 껑충 뛰어오른 데 이어 2020년에 수위를 차지했다. 에너지 기업이 1위에 오른 것은 이때가 처음이다. 오스테드가 그동안 걸어온 ESG 경영혁신의 길을 살펴보자.

오스테드의 전신前身은 지난 2006년 덴마크의 6개 에너지 기업이 통합해 출범한 '동Dong에너지'이다. 이 회사는 덴마크 정부가 소유한 국영기업으로 전기와 열을 생산했는데 그중 85%를 석탄 등 화석연료에 의존했다. 북해에서 석유와 가스를 생산하고 시추 활동도 했다. 1991년에 세계에서 처음으로 세워진 연안 풍력발전지대에서 재생에너지 사업도 하고 있었지만, 그 비중은 그리 크지 않았다. 동에너지는 이익의 88%가 덴마크 국내에서 발생했으며 해외 비즈니스 비중은 12%에 불과했다. 문제는 동에너지가 유럽에서 가장 석탄 집약적인 기업이었다는 데 있다. 그 결과 덴마크 전체 탄소배출량의 3분 1을 차지했다.

동에너지는 변화의 필요성을 느끼기 시작했다. 동에너지의 의사 결정에 영향을 미친 상황을 살펴보자. 당시 유럽에서 기후변화는 정치적 우선순위를 갖는 이슈로 떠올랐다. EU유럽연합는 2020년까지 재생에너지 비중 20% 달성이라는 목표를 설정했다. 2009년에는 15차 기후변화 당사국총회COP15가 코펜하겐에서 열렸다. 이 회의에서는 지구온난화를 가져오는 온실가스 배출량을 감축하는 글로벌 합의에 대한 논의가 진행됐다. 이런 상황에서

ESG 경영혁신 글로벌 초일류 기업에서 배워라!

재생에너지 산업은 성장세를 지속했다. 오스테드의 내부 보고서는 당시를 이렇게 돌아본다. "당시 우리는 독일 북동부 지역에서 1,600MW급의 발전소를 건립하고 있었는데 회사의 이해관계자들이 이 석탄발전 사업에 대해 종전보다 더 우려를 표명했다".

2008년에 동에너지는 화석연료 기업에서 지속가능한 에너지 기업으로 탈바꿈해야할 필요성을 느꼈다. 당시 CEO였던 앤더스 엘드럽은 한 사설을 통해 "우리는 완전히 다른 에너지 시스템을 창조해야 한다. 그것은 대부분의 세계 에너지가 바람과 태양같이 자연적인 에너지원에서 나오는 시스템이어야 한다"고 강조했다. 이 같은 비전은 구체적으로 동에너지의 비즈니스 모델을 환골탈태換骨奪胎시키는 것을 뜻했다. 85%인 화석연료 발전 비중을 2040년까지 15%로 크게 낮추고 대신 재생에너지 발전 비중을 85%로 가져가는 원대한 계획이었다. 동에너지 경영진이 이같이 급격한 변화의 필요성을 느낀 것은 기후변화에 대한 사회의 관심이 커지면서 화석연료 기반 비즈니스가 경쟁력을 잃을 것으로 우려했기 때문이다. 재생에너지 기반의 지속가능한 비즈니스 모델로 옮겨가야 경쟁력을 유지할 수 있을 것이라는 게 경영진의 절박한 판단이었다.

하지만 문제가 그렇게 간단하지는 않았다. 경영진은 내외부에서 적지 않은 저항에 직면해야 했다. 먼저 직원들이 반발했다. 직원들은 회사 경쟁력의 원천인 세계 최고 수준의 석탄발전 효율성에 자부심을 가지고 있었는데 이 비즈니스 모델을 바꾼다는 것을 탐탁지 않아 했다. 외부의 시선도 호의적이지 않았다. 경영진이 생각하는 변화가 상업적으로 위험하다고 봤다.

하지만 CEO 앤더스 엘드럽의 소신은 흔들리지 않았다. 변화의 비전을 공표한 다음해부터 석탄 발전소의 문을 닫기 시작했고 새로운 화석연료 자산에 대한 몇몇 투자도 중단했다. 이해관계자들이 우려한 독일 북동부 지역의 석탄 발전소 건설 사업도 중단 대상에 들어갔다. 대신 연안 풍력발전에 대한 투자를 늘리기로 결정했다. 동에너지는 런던에 있는 어레이 및 안홀드 풍력발전 지대에 대해 최종적인 투자 결정을 내렸고 터빈 확보를 위해 제조업체인 지멘스와 계약을 체결했다. 이와 함께 공급망의 핵심적인 요소를 직접 통제하기 위해 터빈 설치기업인 A2SEA를 인수했다. 기관투자가인 덴마크연금PensionDenmark에는 연안 풍력발전소의 지분을 일부 매각하기도 했다. 사업에 더 많은 자본을 끌어들이려는 계획의 일환이었다.

그러나 2012년에 동에너지는 재무적 위기에 직면했다. 천연가스 가격이 90%나 폭락하면서 수지가 적자로 전환했다. 연안 풍력발전에 대한 대규모 투자가 버거운 상황이 됐다. 이 상황에서 이사회는 CEO 교체 카드를 꺼내 들었다. 레고의 전 CEO인 헨릭 폴센이 새로운 사령탑 자리에 영입됐다. 통상 회사가 어려워지면 기업은 인력 구조조정을 하는 등 위기 관리체제를 가동한다. 폴센은 그렇게 하지 않았다. 위기를 근본적인 변화를 위한 기회로 봤다. "저는 완전히 새로운 기업을 세울 필요성에 주목했습니다. 근본적 혁신이 필요했습니다. 새로운 핵심 비즈니스를 만들고 지속가능한 새로운 성장 영역을 찾아야 했습니다. 그래서 우리는 기후변화 대응 쪽으로 방향을 틀었고 진심으로 이같이 철저한 결정을 밀어붙인 기업이 됐습니다".

폴센은 위기 극복을 위해 회사의 비즈니스를 대대적으로 조정했다. 12개에 이르던 사업 부문을 4개로 통합했다. 이 4개 사업 부문은 연안 풍력발전, 석유 및 가스생산, 전통적 발전소, 그리고 에너지 판매 및 유통 그리드였다. 동에너지는 가스 발전소와 수력 발전소를 포함해 35억 달러가 넘는 비핵심 자산은 매각했다. 이와 함께 비용 감축 방안을 추진했다. 새로운 투자자들은 동에너지의 변화를 긍정적으로 평가하고 20억 달러가 넘는 자금을 투자했다.

위기 극복 방안이 가동되면서 동에너지는 그린 혁신의 속도를 높이기 시작했다. 전통적인 화석연료 산업을 해체하고 글로벌 재생에너지 사업을 육성하기 위한 계획을 실천에 옮겼다. 특히 헨릭 폴센은 2006년에 대비한 2020년 탄소 감축 목표 수준을 종전의 31%에서 44%로 크게 상향 조정했다. 동에너지는 이제 새로운 전략적 핵심 사업으로 연안 풍력 발전에 모든 승부수를 던진 셈이 됐다. 동에너지는 영국과 독일에서 연안 풍력발전에 대한 투자를 확대해 유럽에서 시장 리더로서의 위상을 확보하면서 향후 글로벌 무대에서 사업을 확장하기 위한 기반을 깔았다.

그러나 연안 풍력발전에 집중하는 전략은 달성하기 쉬운 것이 아니었다. 오히려 중대한 리스크를 안고 있었다. 무엇보다 연안 풍력발전의 단가가 다른 전력 기술보다 상대적으로 높았다. 당시로선 새로운 기술이었기 때문이다. 최초의 상업적 규모의 풍력발전이 2001년에야 시작됐을 정도이었으니 말이다. 그래서 미래의 사업 규모와 비용 감축 가능성, 그리고 산업 자체의 상업적 타산성 자체가 불확실했다. 그 결과 이미 2012년의 위기로 타격을 받은 동에너지의 많은 경쟁사들은 연안 풍력발전 사업에서 철수하거나 규모 자체를 크게 줄였다.

동에너지는 중대한 분기점에 섰다. 당시 동에너지는 사업의 규모를 계속 키우면 단가를 크게 낮출 수 있을 것이라고 믿었다.

ESG 경영혁신 글로벌 초일류 기업에서 배워라!

문제는 지배주주인 덴마크 정부가 동에너지가 정부 보조금으로 사업 규모를 지속해서 확대하기 전에 비용을 축소하는 것을 먼저 보기를 원했다는 데 있다. 이럴 수도 저럴 수도 없는 진퇴양난進退兩難의 상황이었다. 이런 상황에서 동에너지는 정부와 사회의 지원을 얻기 위해 2020년까지 연안 풍력발전 단가를 MWh당 100유로달러(2012년 167유로달러)까지 낮추겠다는 매우 의욕적인 목표치를 수립했다. 이 계획은 밑에서부터 올라오는 의견을 수렴한 '보텀업bottom-up' 방식보다는 경영진이 비전으로 제시하는 '톱다운top-down' 방식으로 이뤄졌는데 무엇보다 당시 많은 사람이 가능하다고 생각한 수준을 뛰어넘은 것이었다.

하지만 이 같은 단가 인가 목표치는 전 산업에 의해 빠르게 채택됐다. 이를 긍정적으로 평가해 영국과 덴마크, 그리고 독일 정부는 긴축 재정 시기임에도 불구하고 의욕적인 연안 풍력발전 계획을 유지했다. 목표치 자체가 의욕적이었기 때문에 그렇지 않으면 일어나기 어려운 변혁과 혁신이 일어나기 시작했다. 대규모 터빈 설치, 전반적인 비용 감축, 건축과 운영 합리화 등 혁신을 통해 비용이 크게 절감됐다. 마침내 2016년에 연안 풍력발전의 발전단가는 100유로달러 선을 뚫고 아래로 내려갔다. 당초 계획보다 4년을 앞당긴 성과였다. 이제 연안 풍력발전은 석탄 및 가스 발전과 겨룰 수 있는 원가 경쟁력을 갖게 됐다. 연안 풍력발전의 단가는 2012년 이래 66%나 떨어져 전통적인 화석연료 발전단가 밑으로 하락했고 내륙 풍력 및 태양광 발전 단가와 비슷한 수준을 유지하게 됐다.

연안 풍력발전의 경쟁력이 확보되자 동에너지는 전통적인 화석연료 비즈니스를 크게 축소하기로 했다. 2023년까지 석탄 사업을 없애기로 목표를 세웠다. 이를 위해 석탄 발전소의 절반가량을 폐쇄하고 나머지 절반은 지속가능한 바이오매스biomass로 전환하기로 했다. 또 석유 및 가스 사업을 재평가해 우선순위를 낮추고 신규 투자를 제한하기 시작했다. 특히 이들 사업은 그린 에너지로의 전환이라는 전략과 맞지 않았기 때문에 관련 자산을 처분하기로 결정이 내려졌다.

지성至誠이면 감천感天. 동에너지의 지금까지의 노력은 커다란 성과를 내기 시작했다. 연안 풍력발전에서의 수익이 전통적 수익원이었던 석유 및 가스 부문을 웃돌면서 재무 성과가 크게 호전됐다. 탈화석연료를 겨냥한 ESG 경영 노력이 기업 가치를 크게 올린 셈이 됐다. 마침내 2016년에 동에너지는 글로벌 연안 풍력발전의 리더로서 세계에서 두 번째로 규모가 큰 증시 상장IPO을 성공적으로 완수하게 된다. 비즈니스 모델을 화석연료에서 재생에너지로 전환시키면서 재무적으로 탄탄한 회사를 만드는 대업

大業을 이루게 된 것이다.

2017년에 동에너지는 석유 및 가스 생산 자산의 매각이 완료되자 회사 이름을 지금의 오스테드로 바꿨다. 새 회사 이름은 녹색 에너지의 핵심 요소인 전자기electromagnetism의 원리를 발견한 덴마크 과학자 한스 크리스티안 오스테드에서 따온 것이었다. 녹색 에너지 리더가 되자는 의미를 담은 사명 변경이었다. 회사 이름을 바꾸면서 오스테드는 '녹색 에너지로 운영되는 세계를 창조하는 일을 돕자'는 새로운 비전의 깃발을 올렸다. 이후 오스테드는 사업을 글로벌화하고 재생에너지 사업 내역을 다양화하는 일에 주력했다. 2017년의 경우 아시아 지역에서는 처음으로 대만의 연안 풍력발전 사업에 투자했다. 2018년에는 미국에서 연안 풍력발전 개발 업체와 내륙 풍력 및 태양광 플랫폼 건축업체를 인수함으로써 사업을 확장하고 연안 풍력 및 태양광으로 비즈니스를 다각화했다. 이후 오스테드는 그린수소와 에너지 저장 사업으로 더욱 사업을 다각화했다.

지금까지 살펴본 것처럼 오스테드의 ESG 경영혁신은 일정을 훨씬 앞당겨 성공적으로 이뤄졌다. 오스테드는 당초 2040년에 재생에너지의 비중을 85%로 끌어올리려 했지만 이를 21년이나 앞당긴 2019년에 달성했다. 비즈니스 모델을 근본적으로 혁신한 이 같은 변화를 이루는 데 걸린 시간은 10년에 불과했다. 초고속 성취였다. 하버드 비즈니스 리뷰는 지난 2019년 9월에 지난 10년 동안에 비즈니스 혁신을 이룬 상위 20개 회사의 랭킹을 발표했는데 오스테드는 7위에 선정됐다. 오스테드는 이제 세계 최대의 연안 풍력발전 회사이고 글로벌 재생에너지 기업 중 상위권에 들어가는 기업이 됐다. 과거에는 대부분의 수익이 덴마크 내부에서 발생했지만, 이제는 수익의 90%가 해외에서 일어나고 있다. 오스테드의 획기적인 변신은 주요 지표에서 그대로 나타나고 있다. 2007년에서 2020년 사이에 탄소 배출량은 무려 86%나 줄어들었다. 같은 기간에 이익은 두 배 가까이 늘어났고 이 중 재

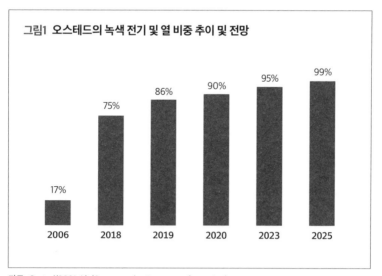

자료: Orsted(2021.4.), 'Our green business transformation'

ESG 경영혁신 글로벌 초일류 기업에서 배워라!

생에너지가 창출한 이익의 비중은 98%에 달한다. 대부분 이익이 재생에너지 부문에서 발생하는, 말 그대로 녹색 기업으로 변신한 것이다. ESG 경영으로 기업가치를 제고한 대표적 사례라고 할 수 있다. 이 같은 변화는 계속 이어질 것으로 보인다. 오스테드는 에너지 기업으로서는 처음으로 2025년에 에너지 생산과 운영 부문에서 탄소중립을 달성하고 2040년에는 공급망의 탄소중립까지 실현한다는 계획을 추진하고 있다.

오스테드는 그동안의 성과를 되돌아보며 '녹색 비즈니스 혁신에서 배운 교훈Lessons learned for green business transformation'이라는 보고서를 펴냈다. 오스테드는 이 보고서에서 중요한 얘기를 들려준다. "기술적 또는 재무적 도전으로 보이는 문제도 본질적으로는 리더십에 대한 도전이다. 우리는 보다 지속가능한 비즈니스 모델로의 변화를 가속화하는 문제를 리더십으로 풀어왔다. 수익성과 지속가능성은 함께 갈 수 있다". 오스테드가 펴낸 보고서는 ESG 경영혁신을 추진해온 과정에서 얻은 교훈 7가지를 들려주고 있다. 많은 기업에 참고가 될 수 있는 내용이어서 자세하게 이를 소개해본다.

그린 비즈니스 혁신에서 얻은 7가지 교훈

1. 변화하는 환경에서 현실을 직시하라

어떤 상황에서 비즈니스를 하고 있고 이게 어떻게 변화할 것 같은지를 이해해야 한다. 미래에 비즈니스 환경에 영향을 미칠 리스크와 기회를 파악하기 위해 이해관계자들을 바라봐야 한다. 또 미래에 어떻게 경쟁력을 확보할 수 있는지를 고려해야 한다. 오스테드에 있어 이는 화석연료 비즈니스 모델에 대한 장기적 도전을 이해하는 것을 의미했다. 기후변화에 대한 사회 전반의 우려와 성장하는 재생에너지 시장에서 오는 기회를 고려해야 했기 때문이다. 일단 기회와 리스크가 확인되면, 향후 직면하게 될 현실을 직시하기 위해 그 정보를 활용해야 한다. 비록 유쾌하지 않더라도 변화하는 상황의 관점에서 현재의 비즈니스 모델의 장기적 가능성을 정직하게 바라봐야 한다. 현 상황을 유지하려고 하는 데서 오는 리스크에 대해 적당히 해명하고 넘어가려 하지 말아야 한다. 오스테드는 타성을 극복하고 기업으로서의 정체성을 다시 들여다봐야 했다. 이는 심리적으로 어려운 일이었다. 수천 명의 직원이 상당한 자부심을 가져온 전문 영역(화석연료 발전)을 뒤에 두고 앞으로 나아가야 했기 때문이다.

2. 지속가능한 비전을 분명히 밝혀라

열정이 가득하고 목적이 이끄는 비전을 분명히 밝혀야 한다. 이 비전은 무엇이 될 것인지가 아니라 어떻게 더욱 지속가능한 세계에 기여할 것인지에 대한 것이어야 한다. 동시에 비전은 기업 전략을 표현하고 안내하는 역할을 해야 한다. 오스테드에 있어 비전은 전적으로 녹색 에너지에 의해 움직이는 세계를 창조하는 것이다. 이 비전을 달성하기 위해 녹색 비즈니스 혁신이 필요하다. 변화를 이룰 때 주의해야 할 점은 비용-수익 분석(수익이 비용을 상회하는지를 분석하는 기법)에 지나치게 집착하지 않아야 한다.

3. 이해관계자를 참여시키고 그들에게 맞춰라

혁신적 변화를 이끄는 리스크 및 기회에 관련해, 정책당국자와 투자자, 직원, 그리고 고객을 포함한 이해관계자와 의견을 잘 조율하는 게 중요하다. 그들 모두를 '여행'에 탑승시켜야 한다. 혁신이 각각의 이해관계자에게 어떻게 가치를 창출하는지를 설명함으로써 모두가 혁신의 과정에 지분을 갖게 해야 한다. 어떤 그룹이 빠져나가면 변화해야 할 이유를 그들에게 설명하고 그들의 의견을 경청해야 한다. 오스테드는 우호적인 정책 환경 덕분에 녹색 혁신을 진행시킬 수 있었고 그 과정에서 이 같은 교훈을 얻었다. 특히 연안 풍력발전에 대한 성책적 지원은 불확실성이 없었다. 이에 따라 지속적인 투자와 혁신이 가능했고, 기술 성숙과 비용 감축의 선순환이 이뤄졌다. 어떤 기업도 홀로 성공적인 혁신을 이룰 수 없다. 앞으로 나아가면서 목표를 달성하기 위해 어떤 파트너와 이해관계자를 참여시켜야 하는지를 확인하는 게 중요하다. 이와 관련해, 오스테드는 기술을 개발하고 비용을 감축하기 위해 공급망 업체들과 협력했다. 또 자본조달을 위해 투자자들과도 협조 관계를 구축했다.

4. 비전 아래 자원을 동원하라

비전을 추구하기 위해 녹색 비즈니스 혁신을 과감하게 추진해야 한다. 전통적 비즈니스에서 빠져나와 새로운 플랫폼을 구축하기 위해 필요한 결정을 내려야 한다. 일단 청사진을 갖게 되면 자본과 인재 등 자원을 '올인'해야 한다. 오스테드는 연안 풍력발전을 전적으로 신뢰하고 여기에 '올인'했다. 오스테드는 계속된 풍력발전 프로젝트에서 많은 것을 배웠고 이게 경쟁력을 확보하고 발전 단가를 낮추는 데 핵심적인 요인이 됐다.

5. 가시적인 행동을 취하라

중기中期적이고 과학에 기반한 탄소배출 감축 계획을 세워야 한다. 어떤 목표치이든 변화와 혁신을 가져올 정도로 야심찬 목표여야 하며 동시에 사기를 꺾지 않고 조직을 압도하지 않을 정도로 현실적이어야 한다. 특히 모든 직원이 일상의 업무에서 무엇을 해야 할지를 잘 알도록 구체적인 연간 행동계획이 수립돼야 한다. 이와 함께 진행 상황을 자주 점검해봐야 한다. 오스테드는 탈탄소를 비롯해 연안 풍력발전 단가, 석탄 퇴출 등에 대해 다양한 목표치를 설정했다. 뒤돌아보면 이런 일들이 변화의 속도를 설정하고 자원을 동원하는 데 커다란 기여를 했다.

6. 기하급수적인 변화를 예상하라

에너지 시스템 같은 시스템이 변화할 때는 점진적인 변화를 기대해서는 안 된다. 혁신은 초기에는 서서히 일어나지만 일단 확산 단계에 들어서면 기하급수적으로 진행된다. 우리는 통상 가까운 과거에 근거해 미래를 예측하는 경향이 있다. 그러다 보니 변화의 속도를 과소평가하곤 한다. 변혁의 기간에는 어제나 오늘 옳았던 것이 미래에는 더는 옳지 않은 변화가 일어난다. 변화는 예상했던 것보다 빠르게 일어난다. 기하급수적으로 변화가 일어날 때 리더십이 직면하는 도전은 그 변화보다 앞서 나아가고 새로운 변화의 가능성에 대해 열린 자세를 유지하는 것이다. 오스테드도 변화의 속도에 놀랐다. 당초 30년이 걸릴 것으로 예상했던 혁신 목표의 달성 기간을 10년으로 단축하고 풍력발전 단가 인하도 계획보다 4년을 앞당겼으니 말이다. 이는 변화의 동력에 시동이 걸리면 애초에 생각했던 것보다 훨씬 많은 것을 이룰 수 있음을 뜻한다.

7. 끝까지 가라

인내심을 가져야 한다. 가다 보면 뒷걸음질도 있을 수 있다. 하지만 당초 정한 노선을 그대로 유지해야 한다. 일단 청사진이 세워지면 장기적 비전까지 가는 직선의 길을 긋지 마라. 이는 대규모 혁신을 이룰 때는 불가능한 일이다. 그저 올바른 방향으로 큰 걸음을 해나가면 된다. 한 번의 큰 걸음이 괜찮았다면 다시 검토하고 다음 걸음을 걸어가야 한다. 목표지점에 이르기까지 이 과정을 되풀이하는 게 중요하다.

지금까지 오스테드가 불과 10년의 기간에 탄소를 대량으로 배출하는 화석연료 기업에서 재생에너지 중심의 녹색 기업으로 대*변신한 과정과 무엇이 이를 가능하게 했는지를 살펴보았다. 오스테드는 한마디로 경영진의 리더십으로 ESG경영과 혁신을 과감하게 결합시켜 비즈니스 모델 자체를 변화시킨 성공적인 사례이다. 오스테드는 지금도 모범적인 ESG경영의 길을 걷고 있다. 여기에서부터는 좀 더 구체적으로 오스테드가 하고 있는 ESG경영의 실제 내용을 들여다보고자 한다. 먼저 2020년 지속가능보고서를 중심으로 오스테드의 전략과 실행 사례 등을 소개해본다.

어떤 기업이든 이해관계자는 중요한 의미를 갖는다. 소비자, 직원, 정부, 투자자, 그리고 NGO는 기업이 지속가능한 사회를 실

ESG 경영혁신 글로벌 초일류 기업에서 배워라!

현하는 데 적극적인 역할을 해주기를 기대한다. 오스테드도 예외가 아니다. 오스테드는 장기적 가치 창출이 비즈니스에 중요한 지속가능 주제들을 이해관계자와 함께 체계적으로 확인하고 관리하는 역량에 달려 있음을 분명하게 인식하고 있다. 지속가능보고서에서 오스테드는 이렇게 말하고 있다. "이해관계자들과 내부 전문가의 소통은 지속가능성에 도전하는 문제들을 확인하고 대응하는 데 큰 도움을 주었다." 오스테드에 있어 지속가능성은 전략적 사고의 핵심이자 소비자와 지역사회 등 이해관계자에 가치를 제공하는 방법이다. 이를 위해 오스테드는 다섯 단계의 접근 방식을 취하고 있다. 이 다섯 단계는 ▲'지도 그리기mapping' ▲우선순위 설정 ▲지속가능 주제의 비즈니스 연계 ▲지속가능 프로그램 추진 ▲실현 및 보고이다. 오스테드는 이 과정을 통해 중요한 지속가능 주제를 확인한 다음 이를 추진하기 위한 프로그램들을 설정하고 각각의 프로그램에서 이룬 진전 상황을 보고하고 있다. 오스테드가 지속가능 경영을 하는 다섯 단계에 대해 상세하게 알아보자.

1) 지도 그리기

오스테드의 ESG 경영의 특징은 이해관계자들과의 소통을 통해 중요한 지속가능 수제를 파악한다는 점이다. 그만큼 이해관계자에게 중요한 역할을 부여하는 것이다. 예컨대 오스테드는 규제 당국 및 NGO와의 소통을 통해 어떻게 재생에너지 설비를 자연과 조화롭게 구축할 것인지를 논의한다. 또 지역사회와 접촉해 재생에너지가 지역사회의 일자리 창출에 기여하길 바라는 희망을 확인한다. 마찬가지로 기업단체와 연구진은 오스테드가 에너지 생산을 위해 활용하는 바이오매스가 지속가능해야 한다는 점을 일깨워준다. 오스테드는 ESG 등급의 수치를 통해서는 투자자와 ESG 평가등급 기관들이 오스테드에 무엇을 요구하고 있는지, 또 새로운 지속가능 주제가 있는지를 진단한다. 오스테드는 매년 이해관계자와의 대화를 통해 제기된 지속가능 주제들에 대해 체계적인 평가작업을 하고 있다.

2) 우선순위 설정

오스테드가 이해관계자들과의 소통을 통해 지속가능 주제를 파악한 다음에 하는 일은 이해관계자와 비즈니스의 관점에서 각 주제의 중요도를 평가하는 것이다. 먼저 이해관계자의 관점에서는 NGO와 시민사회, 정책당국자, 투자자 등이 각 주제에 대해 어느 정도 관심을 보이는지가 중요하다. 비즈니스의 관점에서는 해당 주제에 대해 적절하고 빠르게 대응하지 않을 경우 어떤 영향이 있는지 등을 살펴본다. 오스테드는 매년 이해관계자, 전문가, 내부 직원들과의 인터뷰 및 워크숍을 통해 이 작업을 되풀이한다. 그 결과 얻는 결과물은 중요도에 따라 주제의 우선순위를 제시한 매트릭스이다. 오스테드는 이 매트릭스를 활용해 우선적으로 추진해야 할 주제를 골라낸다. 2020년의 지속가능 주제 매트릭스는 아래와 같다. 이 매트릭스를 보면 오스테드에 있어 이해관계자와 비즈니스 모두에 중요한 지속가능 주제는 기후변화 대응, 생물다양성 영향과 생태계 변화, 지역사회 영향, 안전, 보건, 복지임을 알 수 있다.

표2 오스테드의 지속가능 주제(2020년)

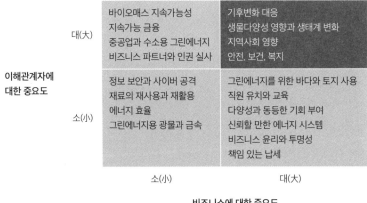

3) 지속가능 주제의 비즈니스 연계

이번 단계에서는 2단계에서 우선순위가 매겨진 지속가능 주제들을 지배구조와 연계하는 일이 이뤄진다. 이를 통해 고위 경영진과 이사회는 가장 중요한 지속가능 주제들을 체계적으로 검

토하고 지속가능 프로그램을 통해 각 주제를 가장 잘 추진하기
위한 결정을 내린다. 이는 지속가능 전략이 비즈니스 전략과 일

표3 오스테드의 2020년 지속가능 프로그램

지속가능 주제	프로그램
기후변화 대응/에너지 효율	1. 에너지와 운영의 탈탄소화
기후변화 대응	2. 공급망과 도매 구매, 그리고 천연가스의 탈탄소화 3. 연안 풍력발전 설치 4. 내륙 재생에너지 배치 5. 녹색 열과 발전소
신뢰할 만한 에너지 시스템	6. 녹색 에너지 활용과 통합
지속가능 금융	7. 녹색 금융
바이오매스 지속가능성	8. 인증된 지속가능 바이오매스 소싱
생물다양성 영향과 생태계 변화 그린에너지용 바다와 토지 사용	9. 해상 생물다양성
지역사회 영향	10. 지역 사회
재료의 재사용과 재활용	11. 자원 관리
안전, 보건, 복지	12. 작업장 안전 13. 직원 건강과 복지
직원 유치와 교육	14. 직원 교육 15. 직원 만족
다양성과 동등한 기회 부여	16. 다양성의 포용
비즈니스 윤리와 투명성	17. 양호한 비즈니스 행위
비즈니스 파트너와 인권 실사	18. 인권과 책임 있는 비즈니스 파트너 프로그램
정보 보안과 사이버 공격	19. 정보와 사이버 보안
책임 있는 납세	20. 책임 있는 납세 관행

ESG 경영혁신 글로벌 초일류 기업에서 배워라!

상의 경영활동에 내재화되는 과정이다. 실제로 오스테드 지속가능위원회는 우선적으로 추진해야 할 지속가능 주제 등에 대한 권고안을 경영위원회Executive Committee에 제출한다. 그러면 경영위원회는 각각의 지속가능 프로그램에 대한 임원의 책임을 분명히 한다. 이는 각 경영위원회 멤버가 구체적인 한 개의 프로그램의 실천을 책임지게 되는 것을 의미한다. 이런 과정을 거친 다음 이사회는 핵심 지속가능 주제와 프로그램들을 승인한다.

4) 지속가능 프로그램 추진

오스테드는 이 단계에서는 각각의 지속가능 주제와 관련된 프로그램들을 추진한다. 2021년 현재 오스테드가 추진하고 있는 지속가능 프로그램은 20개이다. 20개 프로그램의 자세한 내용은 〈표3〉과 같다. 오스테드는 지속가능 주제에 대한 분석을 통해 프로그램을 업데이트하거나 새로운 프로그램을 개발하기도 한다. 그 결과 이런 작업이 일상의 비즈니스 활동에 내재화하게 되는 것이다.

5) 실현 및 보고

각각의 프로그램의 진행 상황과 직면한 문제들에 대해 알리는 것은 투명 경영을 하는 데 있어 핵심적인 요소이다. 이는 또한 지속가능 경영에 참여하고 있는 이해관계자들에게 경영의 성과를 검토할 기회를 제공하고 비즈니스에 중대한 지속가능 주제에 대해 지속적인 소통이 일어나는 계기가 된다. 오스테드는 매 분기 재무 성과를 발표할 때마다 포괄적인 ESG 성과 보고서를 내놓는다. 여기에는 각각의 지속가능 프로그램의 성과와 관련 지표들이 포함돼 있다. 이와 함께 오스테드는 일 년에 한 번씩 지속가능보고서를 펴낸다. 이 보고서는 오스테드가 추진하고 있는 지속가능 의제와 문제점들을 담고 있다.

표4 오스테드의 지속가능 주제 접근 방식

구분	지도 그리기	우선순위 설정	비즈니스 연계	프로그램 추진	실현 및 보고
빈도	지속	연 1회	연 1회	지속	지속
목적	중요한 지속가능 주제 파악	주제의 중요도 이해 및 우선순위 설정	우선 추진 주제를 경영과 지배구조와 연계	지속가능 프로그램 업데이트	프로그램 진행상황 및 문제점 보고
주요 활동	투자자, 지역사회, NGO, 정치적 이해관계자, 전문가, 대학과 소통	내부 관계자와 워크숍, 외부 이해관계자와 소통, 내부 지속가능팀과 토의	지속가능위원회의 주제 우선순위 승인과 프로그램 권고, 경영위원회의 프로그램 승인 및 책임 부여, 이사회의 우선순위 주제 승인	기존 프로그램 업데이트, 신규 프로그램 수립, 기존 프로그램의 잠재적 퇴출 조치	연간 지속가능 보고서 발간, 분기와 연도별로 ESG성과 보고서 발간, 프로그램 진전상황 및 문제에 대해 지속 소통

ESG 경영혁신 글로벌 초일류 기업에서 배워라!

앞에서 설명한 대로 이해관계자와의 소통을 통해 선정된 오스테드의 중요 지속가능 주제는 2020년에는 기후변화 대응, 생물다양성 영향과 생태계 변화, 지역사회 영향, 안전, 보건, 복지였다. 오스테드는 지속가능 주제를 선정하기 위한 분석 작업을 매년 시행한다. 이런 과정을 통해 2022년에 오스테드는 5대 주제를 선정했다. 5대 주제는 재생에너지 공급망의 탈탄소화, 생물다양성과 지역 생태계, 자원 재활용, 지역사회, 인권과 근로자의 권리이다. 각각에 대해서 살펴보자.

먼저 공급망의 탈탄소화. 오스테드가 재생에너지 자산을 제조하고 설치하며 운영하는 과정에서 탄소가 배출된다. 과학적 기후변화 행동에 나서기 위해서는 무엇보다 공급망의 탄소배출을 줄이는 게 필요하다. 오스테드는 이를 위해 '공급망과 천연가스 도매망의 탈탄소화' 프로그램을 통해 공급망의 탄소배출을 줄이는 데 적극 나서고 있다. 공급망의 탄소배출을 줄이는 과제는 어느 기업에나 통제가 쉽지 않은 까다로운 이슈인데 이를 중요한 지속가능 주제로 선정한 진정성이 돋보이는 대목이다.

다음 주제는 생물다양성과 지역 생태계이다. 생물다양성 또한 주요 주제에 계속 포함되고 있다. 그만큼 중요한 이슈라는 얘기다. 무엇보다 오스테드가 재생에너지 자산을 건립하거나 운영하다 보면 그 자산이 설치된 지역의 환경에 부정적 영향을 미칠 수 있다. 건설 과정에서 나오는 소음이나 연안 풍력발전이 야기하는 동물의 서식지 훼손이 그 예이다. 이런 문제는 적절히 해결되지 않으면 자연환경에 부정적 영향을 미칠 수 있으며 다른 한편으론 프로젝트 자제가 연기되거나 취소되는 사태를 가져올 수 있다. 이를 고려해, 오스테드는 '넷 포지티브 생물다양성 영향이 있는 에너지 프로젝트'라는 프로그램을 통해 자연에 긍정적인 영향을 미치기 위한 노력을 강화하고 있다.

세 번째 주제는 자원 재활용이다. 모든 사업이 그렇듯이 녹색 에너지 자산을 건설하는 과정도 원자재와 물에 많이 의존한다. 그런데 원자재와 물 사정은 그렇게 여유롭지 않은 상황이다. 특히 재생에너지에 필요한 원료에 대한 수요는 증가하는 추세여서 경쟁 심화, 비용 상승, 공급망 병목현상 등 부작용을 가져올 수 있다. 자원 재활용이 불가피한 이유이다. 원자재에 대한 의존도를 낮출 수 있고 보다 회복력이 강한 공급망을 만들 수 있기 때문이다. 오스테드는 이를 고려해 자원 재활용을 전략적 과제로 추진하고 있다.

다음 지속가능 주제는 지역사회이다. 재생에너지 구조물은 지역사회의 한 부분으로 자리를 잡게 된다. 이 과정에서 지역 주민의 우려와 기대가 엇갈릴 수 있는데 이게 균형 잡힌 관점에서 잘 반영되면 재생에너지 프로젝트가 지역사회를 크게 활성화할 수 있게 된다. 그러나 지역사회의 우려와 기대에 잘 대응하지 못하면 구조물의 허가와 건설이 지연되거나 프로젝트 자체가 무산될 수 있고 회사의 명성도 훼손되게 된다. 오스테드는 이런 문제에 대처하기 위해 '번영하는 지역사회'라는 프로그램을 통해 전략적 접근을 강화하고 있다.

마지막으로 인권과 근로자의 권리라는 주제가 있다. 이 이슈는 오스테드 자체 영업망은 물론 공급망과 지역사회에 전반에 걸쳐있는 사안이다. 인권은 매우 민감한 이슈이다. 문제가 발생할 경우 정책당국의 강도 높은 규제조치가 취해질 수 있고 회사 명성에도 부정적 여파가 생기는 것은 물론 프로젝트 지연도 유발할 수 있다. 이런 리스크가 있기 때문에 오스테드는 '인권 관리와 통합'이라는 프로그램을 통해 솔선해서 인권 실사 절차를 강화하고 있다. 많은 기업이 부담을 느끼고 있는 인권 실사에 나서고 있다는 점은 오스테드가 이 문제를 얼마나 중요하게 보고 있는지를 잘 알 수 있게 해준다.

2022년에 오스테드는 5개의 지속가능 주제와는 별도로 4개의 전략적 우선순위 과제를 선정했다. 지속가능 주제가 이해관계자와의 소통을 통해 확정된 이슈라면 우선순위 과제는 좀 더 큰 틀에서 기업의 전략적 의사 결정이 실린 과제라고 할 수 있다. 4대 과제는 과학 기반 기후행동, 자연을 회복하는 그린 에너지, 사람을 위한 녹색 혁신, 올바른 결정을 가능하게 하는 지배구조이다. ESG의 환경, 사회, 지배구조 전반을 포괄하고 있는 전략적 과제들임을 알 수 있다.

이 중 '과학 기반 기후행동'은 그린 에너지 사업을 확장하고 과학적 기반으로 탄소배출을 감축하겠다는 것이 핵심 골자이다. 여기에는 2025년까지 스코프 1과 스코프 2의 탄소배출 집약도를 98% 줄이고, 2032년까지 스코프 3 탄소배출을 50% 감축하며, 2040년까지 스코프1, 2, 3의 넷제로를 달성하겠다는 내용이 담겨 있다.[1] 통상 기업들이 어려워하는 공급망, 즉 스코프 3의 탄소배출을 절반 감축하겠다는 의지는 오스테드가 기후 행동에 있어서 선제적인 입장을 취하고 있음을 잘 보여준다. 오스테드의 이 같은 탄소배출 감축 계획은 지구의 기온 상승 폭을 1.5℃ 이내로 억제하겠다는 파리기후협약에 부합되게 짜였다는 점이 특징이다. 이와 함께 '과학 기반 기후행동'에는 세계 최초로 100%

---

1 스코프 1은 기업이 소유하고 통제하고 있는 자체 시설에서 발생하는 직접적 탄소배출이다. 스코프 2는 기업이 사용하는 전기와 동력 생산에서 나오는 탄소배출이다. 스코프 3는 협력업체와 물류, 제품의 사용과 폐기과정에서 발생하는 외부 탄소배출을 말한다.

ESG 경영혁신 글로벌 초일류 기업에서 배워라!

녹색 연료로 운행되는 선박에 대한 계약을 맺고, 2025년까지 업체 최초로 1차 공급업체들까지 100% 재생전기를 쓰도록 하겠다는 내용도 포함돼 있다.

다음으로 '자연을 회복하는 그린 에너지'는 말 그대로 자연과 생물다양성의 회복을 겨냥하고 있다, 모든 에너지 프로젝트가 자연에 긍정적으로 기여하도록 하겠다는 의지가 담겨 있다. 이를 위해 오스테드는 2025년까지 담수 사용 집약도를 40% 줄이고 빠르면 2030년까지 모든 신규 재생에너지 프로젝트에서 넷포지티브 생물다양성 영향을 실현하겠다는 것을 목표로 제시했다. 또 오스테드는 해양 생물다양성을 개선하기 위해 세계자연기금WWF과 5년 동안 진행될 국제 파트너십을 런칭했으며 영국 북부 지역에서 해변 식물과 해수 소택지를 회복시키기 위한 프로젝트도 시작했다.

이어 '사람을 위한 녹색 혁신'에 대해 알아보자. 이 주제는 ESG의 '사회(S)' 에 해당하는 것으로 그린 에너지로의 전환을 공정하고 포용적으로 이루겠다는 것이 핵심 골자이다. 구체적인 내용을 살펴보면, 2023년에 인권 보고를 하고 중요한 인권 리스크를 추적하는 데 이이 2030년까지는 전체 근로자의 여성과 남성 비율을 40 대 60 수준으로 끌어올리고, 직원의 만족도를 대상 기업 중 상위 10% 수준으로 개선하기로 했다. 오스테드는 또 기업 전반에 대한 인권 영향 평가를 하고 있으며 폴란드 등 국가에서 지속가능한 발전 기회를 제공하기 위해 지역 펀드를 조성함과 아울러 한계 상황에 있는 지역사회에서 근로자를 채용, 훈련하기로 약속했다. 직원의 육아 휴직과 관련해서는 12주~18주의 유급 휴가를 제공하는 내용의 글로벌 정책을 도입했다.

마지막으로 '올바른 결정을 가능하게 하는 지배구조'는 말 그대로 의사결정 체계에 관한 과제이다. 오스테드는 지속가능성에 우선순위를 부여하기 위해 기업 운영 전반에 지속가능성을 체계적으로 반영하기 위한 노력을 강화하고 있다. 모든 의사 결정과 비즈니스 개발 과정이 지속가능성이라는 한 방향을 보고 가게 하겠다는 게 오스테드의 의지이다. 오스테드는 2022년에는 이 같은 노력의 일환으로 경영진의 단기 인센티브 보상 기준에 ESG를 포함시키고 ESG에 재무적 KPI와 동일한 가중치를 부여했다. 비재무적인 ESG 성과를 재무적 성과와 동등하게 보겠다는 적극적인 조치이다. 오스테드는 또 미래의 모든 프로젝트를 친환경 활동 분류 기준인 EU 택소노미에 부합하게 추진하기로 했다. 이 밖에 지속가능한 납세를 약속하고 실행한 결과 '공정 납세 마크 Fair Tax Mark'를 수상하기도 했다.

오스테드는 이처럼 2022년에 선정한 4개의 우선순위 전략과
제를 지속가능 프로그램과 연계해 실행에 옮겼다. 지속가능 프
로그램은 2020년에는 20개였지만 2022년에는 18개로 줄었고 프
로그램 내용이 많이 바뀌었다. 이들 프로그램은 우선순위 전략
과제별로 배분돼 오스테드 ESG 경영의 핵심적 틀을 구성했다.
상세한 내용은 〈표5〉에 담겨 있다.

표5 오스테드의 2022년 전략과제별 지속가능 프로그램

우선순위 전략과제	지속가능 프로그램
과학 기반 기후행동	1. 공급망과 천연가스 도매망의 탈탄소화 2. 에너지 생산과 운영의 탈탄소화 3. 신뢰할만하고 안전한 에너지 인프라
자연을 회복하는 그린 에너지	4. 넷 포지티브 생물다양성 영향의 에너지 프로젝트 5. 자원 재활용 6. 건강한 물 시스템 7. 지속가능한 바이오매스 활용
사람을 위한 녹색 혁신	8. 번영하는 지역사회 9. 그린 혁신을 위한 재능과 인재 10. 인권 관리와 통합 11. 책임 있는 광물과 금속 조달 12. 다양하고 포용적인 재생에너지 부문 13. 안전하고 더 나은 근로 방식
올바른 결정을 가능하게 하는 지배구조	14. 지속가능 금융의 동원 15. 지속가능성의 기업 운영 내재화 16. 책임 있는 비즈니스 파트너 17. 책임 있는 납세 관행 18. 책임 있는 비즈니스 행위

그러면 여기에서 오스테드가 추진한 2022년 ESG 경영의 세부적인 내용을 살펴보기 위해 18개의 지속가능 프로그램 중 핵심적인 프로그램에 대해 구체적으로 알아보자.

과학 기반 기후행동

공급망과 천연가스 도매망의 탈탄소화

오스테드는 2040년까지 넷 제로를 달성하고 점진적으로 비즈니스 포트폴리오에서 천연가스를 없앤다는 계획을 추진하고 있다. 이 계획을 이행하기 위해서는 공급망의 협력업체들을 참여시키는 게 필수적이다. 오스테드는 공급망 내 탄소배출의 투명성을 높이기 위해 연안 풍력발전 자산의 생애주기LCA 평가 방식을 사용했다. 이 자산들이 제조, 설치, 수송되는 모든 단계에서의 탄소배출을 측정하는 방식을 활용했다는 얘기다. 예컨대 연안 풍력발전 설비를 설치하는 선박들이 작업하는 동안 사용한 연료에서 배출된 탄소량도 여기에 포함됐다. 오스테드는 또 구매액의 60% 이상을 차지하는 전략적 공급업체들이 과학 기반 탄소감축을 추진하면서 배출량을 보고하도록 조치했다. 그 결과 2022년에 90%가 넘는 대부분 협력업체들이 글로벌 탄소공개 프로젝트인 CDP에 탄소 배출량을 공시했으며 40%는 과학 기반 탄소감축 목표치를 설정했다. 오스테드는 이와 함께 모든 1차 협력업체를 포함한 공급업체들이 2025년까지 자체 에너지 소비를 100% 재생에너지로 충당하도록 요구했는데 2022년에는 69%의 업체들이 이를 수용했다.

에너지 생산과 운영의 탈탄소화

첫째 지속가능 프로그램이 공급망에서의 탄소배출 감축에 중점을 둔 것이었다면 둘째 프로그램은 오스테드 자체의 에너지 생산과 운영에서 탄소배출, 즉 스코프 1과 스코프 2 배출을 줄이는 데 초점을 맞추고 있다. 과학 기반 감축 목표를 설정하고 있는 오스테드는 2006년에서 2025년까지의 기간 동안 에너지 생산과 운영과정에서의 탄소배출 집약도를 최소한 98% 줄이기로 했다. 그리고 2025년부터는 잔여 배출량을 자연기반 탄소 제거 프로젝트 등을 통해 처리하기로 했다. 하지만 2022년에는 이런 계획에 차질이 빚어졌다. 스코프 1과 스코프 2 탄소배출이 오히려 17%나 늘어났다. 이는 러시아로부터의 우드펠릿 수입이 금지되면서 일부 발전소에서 석탄 사용을 재개한데다 전기 공급을 안정화시키기 위한 목적의 덴마크 정부의 요청으로 일부 석탄 및 석유 발전소 운영을 확대하는 세 불가피했기 때문이다. 이로 인해 2023년까지 석탄 사용을 중지하려던 계획이 2025년으로 2년 늦춰졌다. 그러나 성과도 있었다. 오스테드는 에너지 생산과 운영의 온실가스 집약도를 2006년 이래 87%나 줄였다. 또 화석연료를 쓰는 운송 수단을 구매 또는 임대하는 것을 중단했다. 현재 운송 수단의 51%가 전기를 쓰고 있는데 2025년 말까지는 모든 운송 수단이 전기를 사용하는 것으로 계획이 잡혀 있다.

자연을 회복하는 그린 에너지

넷 포지티브 생물다양성 영향의 에너지 프로젝트

생물다양성 이슈에 대한 오스테드의 대응은 상당히 전략적이며 구체적이고 적극적이다. 이르면 2030년에 모든 신규 재생에너지 프로젝트에서 넷 포지티브 생물다양성 영향을 실현하겠다는 계획을 추진하고 있다. 2030년부터는 생물다양성에 긍정적 영향을 미치겠다는 것이다. 이를 실현하려는 방안의 하나로 오스테드는 연안 풍력 발전에서 생물다양성을 보호하고 회복하는 새로운 기준을 만들기 위해 세계자연기금과 5년간의 글로벌 파트너십을 체결했다. 생물다양성과 관련해 무엇보다 중요한 것은 육상과 해상 환경에서의 생물다양성 영향을 측정하는 것이다. 이 문제를 해결하기 위해 오스테드는 컨설팅 기업인 더 바이오다이버시티

ESG 경영혁신 글로벌 초일류 기업에서 배워라!

컨설턴시The Biodiversity Consultancy와 함께 생물다양성 측정 프레임워크를 개발하는 작업에 착수했다. 오스테드는 이와 함께 풍력 발전 자산의 생물다양성에 대한 영향을 파악하려는 목적으로 영국에서 생물다양성 회복 프로젝트를 추진하는 것을 비롯해 대만과 덴마크 등에서 5개의 새로운 파일럿 프로젝트를 진행하고 있다. 이 중 영국 북부 지역에 있는 험버강 어귀를 회복시키기 위한 사업을 소개하면 다음과 같다. 이 지역은 원래는 조개류 서식지였지만 과잉 개발과 오염으로 조개류가 거의 사라지기에 이르렀다. 오스테드는 이 지역에서 일부 기관들과 파트너십을 맺고 해수 소택지와 해중 식물, 굴 양식장 등을 복원하는 프로그램을 진행하고 있다. 험버강 어귀는 영국에서 가장 중요한 보존지역의 하나이기 때문에 오스테드는 이 프로그램이 자연과 기후에 긍정적으로 기여할 것으로 보고 있다.

건강한 용수 시스템

소비와 오염, 그리고 기후변화의 영향으로 물도 중요한 이슈가 되고 있다. 오스테드는 이와 관련해, 물을 고갈시키거나 오염시키지 않는다는 방침을 추진하고 있다. 오스테드는 이를 위해 2021년부터 2025년 사이의 기간에 담수 취수집약도를 40% 줄이기로 했다. 특히 물이 부족한 지역에서는 물의 취수와 소비 등에 따른 영향을 줄여나가기로 했다. 오스테드는 2022년에는 투명하게 용수 관리 상황을 공시하기 위해 처음으로 CDP '용수 보안보고서'를 펴냈으며 덴마크 열융합 발전소의 물 사용량을 줄이기 위한 이 니셔티브를 도입했다. 사실 오스테드가 생산하는 열과 전기의 대부분은 풍력발전으로 이뤄지는데 이 과정에서는 물이 거의 사용되지 않는다. 오스테드가 물을 사용하는 곳은 열융합 발전소인데 대부분 바닷물이 쓰이고 있다. 이 바닷물은 폐쇄 시스템에서 순환하다가 마지막에는 바다로 흘러 들어간다. 오스테드는 이 과정이 해안 생태계에 별다른 영향을 미치지 않는다고 말하고 있다.

사람을 위한 녹색 혁신

번영하는 지역사회

번영하는 지역사회는 공정한 녹색 전환에 필요한 지원과 인재를 확보하는 데 매우 중요하다. 이 때문에 오스테드는 지역사회에 신뢰받는 재생에너지 파트너가 되기 위해 노력하고 있다. 오스테드는 지역사회와의 관계를 강화하기 위해 4가지의 전략적 과제를 선정했다. 이 과제들은 산업생태계 육성, 소외지역 참여 유도, 공존, 이익 공유이다. 먼저, 산업생태계 육성을 위해 지역 생태계 개발을 지원하고 있다. 여기에는 지역사회에 일자리를 제공하고 공급망에 대한 참여 기회를 주는 것은 물론 지역 인재와 비즈니스, 그리고 혁신을 육성하는 것이 포함된다. 다음으로 소외지역과 주민들이 풍력발전 건설이 창출하는 기회에 접근하도록 허용하고 있다. 공존을 위해서는 프로젝트 자체를 설계할 때 지역사회의 관여를 보장하고 있다. 특히 풍력발전 건설 과정에서 발생하는 이익을 지역사회와 공유하는 효율적인 방안을 모색하고 이를 실행에 옮기고 있다. 오스테드는 2022년에는 지역사회를 대상으로 주요 프로젝트들을 진행했다. 폴란드에서는 지속가능한 개발을 돕기 위해 지역 펀드를 조성했다. 미국에서는 뉴잉글랜드의 소외 지역에서 직원을 채용하고 훈련시키기 위한 목적으로 30만 달러 지원을 약속했다.

그린 혁신을 위한 재능과 인재

재생에너지 섹터가 빠르게 성장함에 따라 숙련된 인력에 대한 수요도 증가하고 있다. 오스테드는 인력 수급에 차질이 없도록 다양한 조치를 취하고 있다. 내부적으로 인력 개발을 강화하고 있고 외부적으로는 글로벌 인재 풀을 만들고 있다. 먼저 내부적 인력 개발을 위해서는 3개의 리더십 프로그램을 런칭해 직원들이 건강한 근로문화를 강화하는 기능을 익히도록 돕고 있다. 이와 함께 잠재력이 큰 직원들을 위한 재능 프로그램을 가동해 이들이 각 사업 부문에서 경쟁력을 키우도록 지원하고 있다. 외부에서 인력을 유치하기 위한 파이프라인도 구축돼 있다. 주요 글로벌 시장에서 고용주로서의 브랜드를 강화한 결과 2,000명이 넘는 신규 사원을 채용했는데 남녀 성비는 38 대 62이다. 오스테드는 네덜란드에서는 '오스테드 프로펠'로 불리는 스타트업 엑셀레이터 프로그램을 런칭했으며, 앞으로 다양한 배경을 가진 스타트업을 유치하고 그린 에너지 전환을 가속화하기 위해 이 프로그램을 다른 나라에서도 운용할 계획이다. 이와 함께 오스테드는 지멘스, 더함 대학, 셰필드 대학 등과 함께 5년 동안에 걸친 연구개발 협력 프로그램을 마무리하기도 했다.

인권 관리와 통합

인권 경영은 ESG의 S경영에 있어 최근 많이 강조되고 있는 이슈 중 하나이다. 오스테드도 인권 경영을 중시하고 있다. '글로벌 인권 정책'을 수립해 인권 존중을 천명했다. 특히 있을 수 있는 인권에 대한 부정적 영향에 대해 적극적으로 대응하고 있다. 오스테드는 과거에는 '책임있는 비즈니스 파트너 프로그램'을 통해 공급망에 대한 인권 실사에 집중했다. 하지만 지금은 인권 정책이 적용되는 범위가 크게 넓어졌다. 가치사슬 전반에서 인권을 존중하는 정책을 운용하고 있다. 즉, 근로자와 지역사회, 그리고 공급망 내 인력 등 모든 이해관계자를 대상으로 인권 정책을 적용하고 있다. 오스테드는 가치사슬 전반에서 인권 이슈를 파악한 다음

적절한 조치를 취하고 이를 대내외에 공시하고 있다. 효율적인 고충처리 절차도 가동하고 있다. 오스테드는 2022년에는 기업 전반에 대한 인권영향 평가를 실시했다. 그 결과 가치사슬 전체의 중요한 인권 리스크가 확인됐다. 여기에는 근로 기준, 원주민 등 지역사회의 인권, 공급망에서의 현대 노예노동 등이 포함돼 있다. 오스테드는 자체 조직과 공급망에서 비교적 강한 인권영향 관리 시스템을 가동하고 있다는 평가를 받고 있는데 앞으로는 이를 지역사회로도 확대할 계획이다. 인권 경영을 내부에서 외부로 확대하겠다는 의지를 보이고 있는 것이다.

책임 있는 광물과 금속 조달

재생에너지 산업은 구리와 리튬 같은 희토류를 포함한 광물과 금속에 의존하고 있다. 문제는 이 같은 광물과 금속들이 인권 침해 위험이 큰 지역에서 생산되고 있다는 데 있다. 더구나 이들 광물과 금속을 생산하는 공급망은 복잡하기 짝이 없어 관리하고 통제하기가 여간 어려운 게 아니다. 하지만 인권을 침해하는 생산 과정에서 나온 광물과 금속을 활용하는 것은 ESG 경영의 가치와 정면 배치되는 것이다. 이를 감안해 오스테드는 10개의 주요 금속을 책임 있는 방식으로 공급받기 위해 기업 내외부의 이해관계자들과 신밀한 협조체제를 구축하고 있다. 오스테드는 이와 관련해 3가지의 전략을 운영하고 있다. 첫 번째 전략은 협력업체의 참여. 오스테드는 OECD경제협력개발기구의 책임 있는 광물 실사 지침에 근거해 주요 협력업체와 협력하고 있다. 이를 통해 협력업체들이 강한 관리 시스템을 가졌는지, 공급망 리스크를 평가하고 있는지, 그리고 이에 대응할 전략을 실행하고 있는지를 파악하고 있다. 두 번째 전략은 공급망의 투명성에 대한 것이다. 오스테드는 투명성 제고를 위해 1차 협력업체 및 업계 파트너와 협력하고 추적 시스템을 확장하기 위한 기술도 검토하고 있다. 세 번째 전략은 산업 파트너십이다. 오스테드는 책임 있는 채굴을 지지하기 위해 '책임 있는 채굴 인증기구IRMA' 같은 단체와 협력하고 비슷한 문제에 직면해 있는 가전 및 자동차 등 다른 업계에서 배우고 있다. 오스테드는 2022년에는 광물과 금속 공급망 전체에 OECD 지침을 적용하기 위해 구체적인 조치를 취했다. 그 결과, 17개 협력업체들이 적절한 정책과 관리 시스템을 가지고 있지만, 심층 공급망에서의 리스크에 대응하기 위해 투명성을 제고할 필요성이 있음을 확인했다. 또 철과 구리 두 가지 금속은 채굴 단계에서 인권 리스크를 확인하고 대응할 필요가 있음을 인지하고 공급망 지도를 그리기 시작했다. 이와 함께 11개 협력업체와 이들의 하청 업체에 고위 경영진 명의의 서한을 보내 IRMA와 협력해 자체 공급망 지도를 그릴 것을 요구했다. 앞으로 오스테드는 남은 8개 광물에 대해서도 공급망 지도를 작성할 계획인데 투명성 제고를 위해 블록체인을 활용하는 방안을 검토하고

ESG 경영혁신 글로벌 초일류 기업에서 배워라!

있다. 또 10개 주요 금속에 대해 채굴 단계의 인권 리스크를 파악하고 이를 위해 채굴 기업과 접촉할 계획이다.

다양하고 포용적인 에너지 부문

다양성과 포용성 부문에서 가장 중요한 지표는 남녀 성비이다. 2021년 기준으로 오스테드 전체 직원의 여성과 남성 비율은 31 대 69였는데 2022년에는 33 대 67로 다소 나아졌고 2030년에는 40 대 60으로 개선하겠다는 목표가 잡혀 있다. 리더급의 경우에도 30 대 70(2021년) → 31 대 69(2022년) → 40 대 60(2030년)으로 목표치가 설정돼 있다. 이와 관련해 오스테드는 자체 조직은 물론 공급망에도 다양성과 포용성을 확산시키겠다는 방안을 추진하고 있는 점이 돋보인다.

안전하고 더 나은 근로방식

어느 직장이든 중요한 이해관계자인 직원이 건강하고 균형 잡힌 생활을 할 수 있도록 물리적, 사회적, 심리적 환경을 제공하는 것이 중요하다. 오스테드는 이와 관련해 매년 직원의 만족도를 조사하는데 2022년 지속가능보고서에서 솔직하게 그 결과를 공개했다. 조사 결과 직원 만족도는 100점 만점에 76점 수준으로 2년 연속 내림세를 보였다. 직원 만족도 면에서 상위 10% 기업이 되겠다는 목표치도 달성하지 못했다. 오스테드는 문제가 어디에 있는지를 파악하고 대책을 마련하겠다고 밝혔다. 오스테드가 직원 건강을 위해 활용하고 있는 수단은 앱이다. 정신 건강을 모니터 할 수 있는 앱과 명상 앱을 직원들에게 제공하고 있다. 안전 또한 중요한 이슈이다. 특징적인 점은 안전이 성과지표인 KPI에 포함 돼 보상 계획과 연계돼 있다는 점이다. 안전을 급여와 연계할 정 도로 중요시하고 있음을 보여주고 있다.

올바른 결정을 가능하게 하는 지배구조

지속가능성의 기업 운영 내재화

재생에너지 비즈니스가 제대로 추진되려면 지속가능성이 사업을 하는 방식에 체계적으로 통합돼야 한다는 것이 오스테드의 경영 철학이다. 이 회사는 이를 위해 비즈니스 모델 전반에 지속가능 성을 반영하기 위해 노력하고 있다. 특히 의사결정 시 지속가능 성을 주요 기준으로 삼고 있다. 이런 노력의 일환으로 오스테드 는 관련 임직원에 대한 단기 보상방안에 지속가능성을 포함시켰 다. 또 글로벌 사업장에서 탈탄소화, 순환경제, 생물다양성 등 요 소를 진전시키기 위해 지속가능성 내부 작업반을 가동하고 있다.

ESG 경영혁신 글로벌 초일류 기업에서 배워라!

책임있는 비즈니스 파트너

오스테드는 공정한 에너지 전환을 위해 모든 협력업체들이 근로 권과 인권 침해, 부패, 환경 리스크 등의 문제가 없어야 한다고 보고 있다. 이런 맥락에서 책임있는 비즈니스 파트너 프로그램을 운영하면서 협력업체와 비즈니스 파트너에 대한 일반적인 인권 실사를 실시하고 있다. 이 실사 과정에서는 주로 이들 업체들이 오스테드가 마련한 행위규범Code of Conduct을 준수하고 있는지를 평가하고 있다. 평가 결과 관련업체들이 행위규범에 미치지 못하는 것으로 나타나면 개선 계획을 세워 이를 실천하도록 하고 있다. 오스테드의 행위규범의 주요 내용은 다음과 같다.

비즈니스 파트너용 행위규범

〈인권과 근로권〉
고용 기준

- 아동 노동과 청년 근로자: 15세 미만 아동 노동을 금지한다. 15세에서 18세 사이의 청년 근로자는 위험하거나 건강과 학교 교육을 저해하는 일을 해서는 안 된다.
- 근로시간: 정규 근로시간, 식사 시간, 휴식 기간, 초과근로,

휴가, 육아 휴가 등은 산업 표준과 법규를 준수해야 한다. 근로자들은 일상적으로 초과근로를 요구받아서는 안된다. 근로자는 7일 동안 60시간 이상 일하는 게 금지되며 휴식과 휴가가 보장돼야 한다.

- 근로자 자유: 모든 근로자는 비합리적이거나 불법적인 벌칙 없이 합리적인 통지기간을 준수했다면 자유롭게 이직을 할 수 있다.

- 채용 절차: 모든 근로자에게는 그들이 이해할 수 있는 언어로 쓰인 계약서가 제공돼야 한다. 채용 과정에서 어떤 형태의 수수료도 부과돼서는 안 된다.

- 결사 및 단체행동의 자유: 근로자들은 차별, 괴롭힘, 협박, 보복 및 폭력에 대한 두려움없이 근로 관련 단체나 노조, 그리고 단체행동에 자유롭게 참여하는 게 보장돼야 한다.

- 임금 및 복지: 근로자들에게 산업표준과 법규에 부합하는 임금과 복지를 제공해야 한다.

- 건강과 안전: 안전하고 건강한 근로환경을 제공해야 한다. 리스크를 확인하고 사고, 상해, 질병을 방지하기 위한 절차를 진행해야 한다.

이해관계자와 상호 작용

- 지역사회: 원주민, 여성, 장애인 등 이해관계자와 활발하게

소통해야 한다.

- 재산권: 합법적인 권리자 등의 토지소유권을 존중해야 한다.
- 자유로운 사전 동의: 프로젝트가 영향을 미치는 원주민과 소통해야 한다.

〈환경〉

- 허가: 비즈니스 지속을 위해 요구되는 허가, 라이센스, 등록 절차를 마쳐야 한다.
- 위험 물질 및 배출: 위험 물질의 사용을 관리하고 공시하며 가능한 경우 환경친화적 대체재를 찾아야 한다.
- 생물다양성: 자연과 생물다양성을 보존·개선하고 자연 자원 과 에너지의 지속가능하고 효율적인 사용을 증진해야 한다.
- 폐기물 관리: 폐기물을 줄이고 가능한 경우 재사용하거나 재활용해야 한다.
- 광물과 금속 및 이중 사용: 공급망에서 사용되는 광물과 금속의 채굴, 처리 등과 관련해 OECD 실사 지침을 준수해 야 한다.

〈비즈니스 윤리〉

- 반反뇌물 및 부패: 부패하고, 사기성이 있으며, 담합하고, 강 제적인 활동에 직간접적으로 참여하지 않아야 한다. 비즈

니스를 획득하거나 우대조치를 받을 목적으로 대가를 지급하거나 선물·환대를 제공하는 행위를 하지 않아야 한다.

- 이해 상충: 비즈니스나 재무적 또는 사적 이익이 있는 이해 상충이 발생하는 상황에 연루되지 않아야 한다.
- 장부와 기록: 투명한 장부 기록을 위해 모든 거래에 대해 적절한 서류 작업을 해야 한다.
- 공정한 경쟁: 법규를 준수해 경쟁하고 어떠한 형태의 반경쟁적인 행위나 불법적 시장 행위와 조작을 해서는 안 된다.

책임 있는 비즈니스 행위

오스테드는 '착한 비즈니스 행위 정책good business conduct policy'을 규정하고 이를 전 직원들이 숙지하도록 하고 있다. 이 정책에서는 모든 형태의 뇌물과 부패에 대해 무관용 정책을 강조하고 있다. 이와 관련해서는 내부 고발자 제도가 운영 중이다. 내부 고발이 제기되면 즉시 조사가 시작된다. 오스테드는 또 비즈니스 파트너에 대한 실사 제도도 가동하고 있다. 새로운 비즈니스 파트너십을 맺으려 할 때 이 파트너가 인권과 근로권, 환경, 반부패 등 오스테드의 행위규범이 요구하는 사항을 준수하고 있는지를 평가한 다음 파트너십 체결 여부에 대한 결론을 내리고 있다. 도덕성과 윤리성을 임직원뿐만 아니라 비즈니스 파트너에도 요구하고 있는 것이다.

오스테드가 적용하고 있는 '착한 비즈니스 행위 정책'의 주요 내용은 다음과 같다.

착한 비즈니스 행위 정책

〈반뇌물 및 부패〉

모든 형태의 뇌물, 부패, 그리고 리베이트를 제공하거나 받는 것을 금지한다.

〈스폰서십과 기부〉

개인에게 스폰서십이나 기부를 제공하지 않는다. 정부 관리의 개인적 이익을 위해서 이를 제공해서는 안 되며 거래를 하는 다른 당사자에게도 마찬가지이다. 정당이나 정치적 집단이나 개인에게 직접적으로 또는 제3자를 통해서 지원을 하지 않는다.

〈선물, 식사, 여행 그리고 엔터테인먼트〉

고가의 선물, 식사, 여행 그리고 과도한 엔터테인먼트를 제안하거나 주거나 받는 것을 금지한다. 현금, 선물 카드, 현금 대체물, 여행 경비 제공 등을 금지한다.

〈비즈니스 파트너〉

비즈니스 파트너는 직간접적으로 사기, 뇌물 등 부패 행위에 연루돼서는 안된다. 비즈니스 파트너들은 소속 직원, 협력업체, 대리인 등의 반부패 법규를 위반하는 행위를 방지하기 위한 적절한 절차를 수립해야 한다. 오스테드의 행위규범은 비즈니스 파트너와의 계약의 중대한 요소이다. 비즈니스 파트너가 행위규범을 준수하지 못하거나 실사 활동에 참여하는 것을 거절하거나 평가 과정 중 확인된 이슈에 대해 개선하는 노력이 부족할 경우 오스테드는 해당 파트너와의 계약을 종료할 권리를 가지고 있다.

〈이해 상충〉

이해 상충을 피한다. 이해 상충의 여지가 있는 것으로 의심되면 이에 대해 공개적으로 언급한다.

〈재무 및 비재무 공시〉

법규와 올바른 관행을 준수해 신뢰할만하고 완전한 재무 및 비재무 공시를 한다.

오스테드 ESG 경영의 특징

- 10년 만에 화석연료 기업에서 친환경 재생에너지 기업으로 변신하는 데 성공했다.
- ESG 경영으로 기업가치를 제고한 대표적 사례이다.
- 경영혁신 과정에 이해관계자를 적극적 참여시켜 지속가능 과제를 선정했다.
- 2040년까지 넷 제로를, 그리고 2030년까지 모든 신규 재생에너지 프로젝트에서 넷 포지티브(생물다양성)를 달성하겠다는 목표를 세웠다.
- 공급망인 스코프 3의 탄소배출도 감축 목표에 포함시켰으며 1차 협력업체 등이 2025년까지 자체 에너지 소비를 100% 재생에너지로 충당하도록 요구하고 있다.
- 가치사슬 전반에서 인권을 존중하는 정책을 운용하고 있으며 자체 조직은 물론 공급업체 및 비즈니스 파트너에 인권 실사를 실시하고 있다.
- 공급망에서도 다양성과 포용성을 확산하는 정책을 추진하고 있다.
- 도덕성과 윤리성을 임직원뿐만 아니라 비즈니스 파트너에도 요구하고 있다.
- 안전을 성과 관리지표인 KPI에 포함해 보상과 연계하고 있다.

네스테:
비즈모델 재생 연료로 대전환
—

핀란드의 정유기업인 네스테^{Neste}는 오스테드와 비슷하게 재생에너지 쪽으로 비즈니스 모델을 대전환하는 데 성공한 ESG 경영의 모범 기업이다. 사업 모델을 재편한 과정이 오스테드와 비슷하다. 차이점은 오스테드가 화석연료 발전에서 풍력발전으로 완전히 탈바꿈했다면 네스테는 정유기업의 틀을 유지하면서 제품 자체를 재생에너지 쪽으로 바꿔갔다는 데 있다.

네스테는 지난 1948년 핀란드의 국영 정유기업으로 설립됐다. 1960년대와 70년대를 거치면서 네스테는 핀란드의 최대 기업으로 부상했다. 이때 정유 사업 외에 화학 산업에도 뛰어들었고 석유와 가스의 시추 및 생산도 시작했다. 네스테는 1995년에는 헬

싱키 증권거래소에 상장됐다. 네스테는 설립 후 60년이 넘는 기간 동안 원유 사업에만 전념했다. 그러나 2009년에 위기가 찾아왔다. 시장 자체가 공급과잉 상태에 빠져들면서 유가가 급락했으며 이에 따라 마진이 뚝 떨어졌다. 직전 두 해에는 시가총액이 반토막 나기도 했다. 엎친 데 덮친 격으로 EU가 새로운 탄소배출 규제법안을 입법화하면서 정유 산업은 새로운 상황에 직면했다.

새 CEO였던 매티 리보넨을 비롯한 경영진은 지금까지의 비즈니스 모델이 더는 지속가능하지 않을 것임을 깨달았다. 네스테는 새로운 활로를 찾아야만 했다. 그것은 바로 재생에너지였다. 경영진은 '매일 책임 있는 선택을 해야 한다'는 철학을 가지고 지속가능한 에너지원을 개발하는 게 네스테의 기업 목적이 돼야 한다고 결정했다. 리보넨은 담대한 혁신을 위해 7년 계획을 수립했다. 하지만 직원과 소비자, 투자자들이 반대했다. 그럼에도 불구하고 네스테 경영진은 흔들림이 없었다. 혁신적인 재생에너지 기술과 인프라에 대규모 투자를 밀어붙였고, 고객의 관심을 녹색 에너지로 돌리기 위해 노력했으며, 기업 문화를 본질적으로 변화시켰다. 과정은 쉽지 않았다. 리보넨이 취임한지 불과 3개월 밖에 되지 않았을 때 핀란드의 주요 경제잡지는 그가 해임돼야 한다는 내용의 기사를 신기도 했다. 하지만 그는 요지부동했다.

마침내 2015년에 네스테는 폐기물 등으로 생산된 재생연료(바이오 디젤)의 세계 최대 기업으로 변신하는 데 성공했다. 바이오디젤은 소기름 같은 동물성 유지와 폐식용유 등 식물성 유지를 메탄올과 반응시켜 생산한 친환경 연료이다. 네스테는 2016년에는 재생에너지 제품에서 나온 이익이 석유 제품 사업 부문을 상회함으로써 명실상부하게 재생에너지 기업이라는 간판을 달 수 있게 됐다. 또 2018년에는 캐나다 기업평가사인 코퍼릿 나이츠가 선정한 글로벌 지속가능경영 100대 기업 중 2위에 올랐으며 2019년과 2020년에는 각각 3위, 그리고 2021년에는 4위를 유지했다. 이 같은 네스테의 혁신은 우연히 이뤄진 게 아니다. 경영진의 시의적절하고 과감한 의사 결정과 기업 문화, 그리고 일하는 방식의 전략적 변화가 이를 가져왔다고 네스테는 자평하고 있다. 네스테의 ESG 경영혁신 노력은 여기에 그치지 않고 있다. 고분자 화학제품의 지속가능한 원료인 네스테 RE와 지속가능 항공유를 계속 개발하고 있다.

네스테에 한 가지 이슈가 있다면 숲을 훼손할 우려가 있는 팜오일을 원료로 사용하고 있다는 점이다. 실제로 국제환경단체인 그린피스로부터 비판을 받기도 했다. 이에 대응해 네스테는 자연을 훼손하지 않고 지속가능한 방식으로 생산된 팜오일만을 사용하겠다고 약속했으며 지속가능 팜오일 라운드테이블RSPO에도 가입해 이 문제를 개선하겠다는 의지를 보여줬다. 또 오는 2030년까지 글로벌 재생 원료 투입량 중 전통적인 팜오일의 비중을 0%로 줄이겠다는 계획을 추진하고 있다. 그렇지만 네스테가 팜오일 사용과 관련해 숲 훼손 문제로부터 완전히 자유로워진 것은 아니어서 네스테가 앞으로 어떻게 이 문제를 말끔하게 해결해갈지 귀추가 주목된다.

네스테는 현재 16개 나라에서 영업 활동을 하고 있으며 핀란드와 네덜란드, 싱가포르, 그리고 미국에서 정유 시설을 가동하고 있다. 앞에서 얘기한 대로 네스테는 폐기물 등을 정제해 재생 디젤과 지속가능 항공유, 그리고 화학산업용 지속가능 원료를 생산하고 있다. 대표적 제품인 재생 디젤은 화석연료 디젤에 비해 온실가스 발생량이 75~95%나 적다. 지속가능 항공유도 제트유에 비해 온실가스 배출량이 80%나 적다. 또 화학제품용 재생 원료인 네스테 RE도 전통적인 화석연료보다 탄소발자국을 85% 이상 줄였다는 평가를 받고 있다. 네스테는 이렇듯 제품 혁신을 통해 온실가스 배출을 크게 줄인 친환경 재생 연료를 생산하고 있다.

이같이 인상적인 성취를 이룬 네스테는 어떤 경영철학으로 운영되고 있을까? 여기에서 이 기업의 목적, 비전, 그리고 가치에 대해 소개해본다. 네스테의 '기업의 목적'은 '아이들을 위해 더 건강한 지구를 만드는 것Creating a healthier planet for our children'이다. 네스테는 이 목적에 따라 탄소배출량을 줄이고 자원을 순환하는 혁신을 이루는 데 주력하고 있다고 밝히고 있다. 현재 네스테는 재생에너지와 자원순환 해법에서 글로벌 1위 기업이 되는 것을 목표로 삼고 있다. 이와 함께 네스테가 내건 비전은 '함께 지속가능한 미래로 가는 길을 열어가자Leading the way toward a sustainable future together'이다. 이 비전은 말 그대로 외부와의 협력을 강조하고 있다. 실제로 네스테는 외부 기관, 시민단체 등 이해관계자들, 그리고 해외 대학 및 연구기관과 적극적인 협조체제를 구축해놓고 있다. 또 네스테가 추구하는 가치는 '성공은 가치 위에 세워진다Our success is built on our values'이다. 네스테의 가치는 돌봄, 용기, 협력 이 세 가지를 포함하고 있는데 그 구체적 내용은 아래와 같다.

돌봄We care

· 비즈니스를 성공시키면서도 환경, 사회, 그리고 세대들을 돌본다.
· 사람들의 안전과 복지를 돌본다.
· 모든 사람의 참여를 환영하며, 다양성과 모든 사람의 권리를 돌본다.

용기We have courage

· 기회를 모색하고 새로운 해법을 만들어냄으로써 선도적 역할

ESG 경영혁신 글로벌 초일류 기업에서 배워라!

을 한다.

· 일을 하고 비즈니스를 하는 혁신적 방법에 있어 새로움과 뛰어 남을 추구한다.

· 빠르게 생각하고, 빠르게 행동하고, 빠르게 배운다. 정직한 대 화와 지속적인 발전이 사고의 핵심이다.

협력We cooperate

· 함께 목표지점에 도달해 성공한다.

· 직원, 소비자, 파트너 그리고 사회와 함께 간다. 성공은 협력과 혁신 위에서 이뤄진다.

· 지식을 공유하고 피드백을 주고받음으로써 같이 격려하고 함 께 성장한다.

그러면 이제 네스테의 ESG 경영에 대해 살펴보자. 큰 틀에 서 목표치가 상당히 의욕적이다. 멈칫멈칫하지 않고 공세적으로 ESG 경영을 실현하겠다는 의지를 보이고 있다. 먼저 탄소배출 감축. 네스테는 2035년까지 스코프 1과 스코프 2의 탄소중립을 달성하는 데 이어 2040년까지 가치사슬 전반에서 탄소중립을 실 현하겠다는 목표를 추진하고 있다. 탄소중립 대상에 가치사슬을 포함시겠나는 점이 돋보인다. 이런 노력의 일환으로 네스테는 스 코프 3에 들어가는 연료 사용단계의 탄소배출 집약도를 2040년까지 50%(2020년 대비) 줄이겠다는 계획도 수립했다. 네스테는 생물다양성 이슈에 대해서도 매우 전향적으로 대응하고 있다. 2040년까지 네이처 포지티브를 달성해 자사가 사용하는 자연을 종전보다 더 나은 상태로 만들어 놓겠다는 의지를 피력한 상태이다. 네스테는 "생태계에 부정적 영향을 미치기보다는 생물다양성에 긍정적 혜택을 주는 사업모델을 지향한다"고 밝히고 있다.

또 특징적인 점은 인권에 대한 중시이다. 자사뿐만 아니라 공급망에서도 최저 임금을 보장하고 있으며 특히 공급망에서 불평등을 줄이는 데 역점을 두고 있다. 여기에서 드러나듯이 네스테는 ESG 경영의 다양한 측면 중 공급망을 개선하는 데 주력하고 있다. 탄소배출 감축, 생물다양성, 인권, 안전과 건강 등 기준이 공급망에도 엄격하게 적용되고 있다. 자사와 공급망을 모두 아우르는 생산공정 전체에서 ESG 경영을 제대로 실천하겠다는 게 네스테의 의지이다.

어떤 기업이든 ESG 경영을 추진할 때 중요한 출발점은 이른바 '중대성materiality 평가'를 통해 자사에 중요한 이슈를 선별해내는 단계이다. 네스테 또한 예외가 아니다. 네스테는 2년마다 중대성 평가를 실사하고 있다. 돋보이는 점은 많은 기업이 부담스러워하고 있는 이중 중대성 평가를 도입했다는 점이다. 이중 중대성은 환경과 경제 등 외부 여건이 비즈니스에 미치는 영향을 의미하는 '재무적 중대성'뿐만 아니라 기업이 외부에 미치는 영향을 뜻하는 '영향 중대성'을 포함하는 개념이다. 네스테의 중대성 평가 과정은 확인, 평가, 우선순위 설정, 통합의 네 단계로 진행된다. 첫 단계에서는 네스테 자체의 사업과 이해관계자들로부터 중요한 지속가능 이슈를 확인한다. 이어 다음 단계에서는 첫 단계에서 확인된 이슈들이 미치는 잠재적 영향과 핵심 리스크, 그리고 기회를 평가한다. 세 번째 단계에서는 비즈니즈와 이해관계자의 통합적 관점에서 중요도에 따라 이슈의 우선순위를 정한다. 마지막 단계에서는 중대한 것으로 판정된 지속가능 주제들을 업무에 통합한다. 중대성 평가를 통해 나온 중요 주제를 경영에 통합해 추진하는 것이다.

이 과정에서 중요한 점은 오스테드와 마찬가지로 이해관계자의 의견을 적극적으로 반영한다는 것이다. 네스테는 이해관계자의 의견을 경청하기 위해 설문조사와 인터뷰, 두 가지 방식을 활용한다. 설문조사의 경우는 온라인으로 진행되는데 웹을 통해 누구든지 의견을 밝힐 수 있도록 개방성을 유지한다. 이와 힘께 핵심 이해관계자를 대상으로 심층 인터뷰도 진행한다 이런 결과를 거친 다음 최종 결론을 도출하기 위해 전문가들이 참여하는 워크숍이 열리고 여기에서 선정된 중대성 이슈들은 네스테 임원

위원회의 승인을 받게 돼있다. 2022년에는 이런 과정을 통해 모두 11개의 중대 주제들이 선정됐다(그림2 참조). 이들 11개 주제는 탄소배출 감축을 비롯해 탄소발자국, 지속가능 제품 및 서비스, 혁신, 안전·건강·복지, 생물다양성·물·공기·토양 보호, 재능있는 인력, 현대 노예노동, 이해관계자 참여·소통·투명성, 파트너십, 다양성·평등·포용성이다.

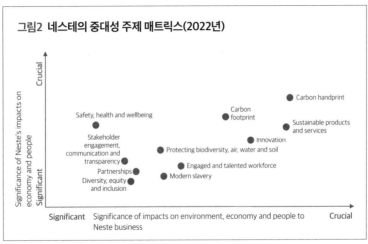

그림2 네스테의 중대성 주제 매트릭스(2022년)

자료: Neste, Annual Report 2022

이들 11개 중대 주제는 네스테가 추구하는 ESG 경영의 핵심을 보여주고 있다. 자세한 내용은 아래와 같다.

탄소배출 감축:

ESG 경영혁신 글로벌 초일류 기업에서 배워라!

네스테의 제품을 사용하는 고객들이 온실가스 배출을 줄이도록 돕는다.

탄소 발자국:

자체 생산과정은 물론 가치사슬 전반에서 탄소중립을 달성하겠다는 목표이다. 네스테는 이를 위해 스코프 1과 스코프 2에서의 온실가스 배출을 2030년까지 50%(2019년 대비) 줄이고 스코프 3에 속하는, 판매제품의 사용단계에서의 배출 집약도를 2040년까지 50%(2020년 대비) 축소하겠다는 계획을 추진하고 있다. 또 에너지 소비를 줄이고 2023년까지 필요한 전기의 100%를 재생에너지로 충당하는 방안을 수립했다.

생물다양성·물·공기·토양 보호:

자연을 훼손된 것보다 더 회복시켜 말 그대로 '플러스 상태'로 만들겠다는 네이처 포지티브 전략이 핵심인데 네스테는 2040년까지 자체 사업에서는 물론 가치사슬 전반에 걸쳐 이를 실현하겠다는 의욕적 목표를 제시하고 있다.

안전·건강·복지:

이 항목에서도 특징적인 점은 자체 직원뿐만 아니라 모든 협력업체 직원의 건강과 안전을 보장하겠다는 게 네스테의 생각이다.

ESG 경영의 주요 항목을 공급망에까지 적용하려는 의지가 돋보인다.

현대 노예노동:

자체 생산 시설은 물론 공급망에서 노예노동의 리스크를 통제하겠다는 내용의 주제이다. 노예노동은 당연히 있어서는 안 될 사안이지만 자칫 잘 인지하지 못하는 사이에 공급망 어디에선가 이런 일이 있을 경우 기업 리스크로 번질 수 있는 이슈이다. 이 문제에 대한 네스테의 대응에서 주목할만한 점은 생산과정과 공급망에서의 인권 리스크를 확인하기 위해 핵심 사업부문에 대한 인권 실사를 자체적으로 실시하고 있다는 점이다.

다양성·평등·포용성:

공정한 대우와 자기 계발 기회를 보장하기 위해 다양성과 포용성이 확보된 일터를 구현하겠다는 생각이다. 예컨대 채용과 승진, 성장 기회 부여 등에서 남녀 성비의 균형을 유지하겠다는 게 대표적 사례이다. 네스테의 경우 경영진과 간부의 여성 비율을 스태프 여성 비율 수준으로 올리겠다는 목표를 제시하고 있다. 직급이 위로 올라갈수록 여성 비율이 낮아지는 현상을 시정하겠다는 것이다. 2022년 현재 여성 스태프 비율은 32.2%인데 여성 간부 비율은 30.7%, 여성 경영진 비율은 27.4%로 이를 밑돌고 있다.

재능있는 인력:

직원의 참여, 소속감 그리고 다양한 성장 기회를 제공하겠다는 주제이다. 네스테의 종업원 참여 점수는 글로벌 수준이라는 평가를 받고 있다. 대부분 직원들이 네스테에서 일하는 것에 만족하고 있으며 자기 회사를 다른 구직자에게 추천하겠다는 의사를 가지고 있는 것으로 나타났다. 직원 중 80%는 자신이 하는 일이 회사의 성공에 기여하고 있다는 자부심을 가지고 있고, 75%는 네스테가 책임 있는 방식으로 행동하고 있다고 신뢰하고 있다. 회사에 대한 믿음이 강한 것이다.

이해관계자 참여·소통·투명성:

네스테는 이해관계자들과의 의미 있는 상호작용과 대화를 목표로 삼고 있다. 이를 위해 자사와 공급망에 관련된 정보들을 공개하고 있다.

혁신:

말 그대로 지속가능한 발전을 위해 혁신적 해법을 제시하는 것에 역점을 두고 있다.

파트너십:

네스테는 지속가능한 발전을 위한 도전에 대응하고 혁신적 해법을 제시하기 위해 연구기관과 대학 등과 파트너십을 강화하고 있다. 2022년 현재 35개의 파트너십이 맺어져 있는 상태이다.

지속가능 제품 및 서비스:

앞에서도 살펴본 것처럼 지속가능성은 네스테의 제품과 서비스 포트폴리오에 통합돼있다. 재생 디젤과 지속가능 항공유 생산이 대표적 예이다.

이렇듯 11개의 지속가능 주제를 선정한 네스테는 ESG 경영에 있어 네 가지의 핵심 영역을 정해 이를 추진하고 있다. 이 네 가지는 기후, 생물다양성, 인권, 그리고 공급망과 원자재이다. 이슈가 ESG의 환경과 사회에 집중돼있다. 네스테 ESG 경영의 전모를 파악하기 위해 영역별로 상세한 추진 방향과 내용을 살펴보자.

먼저 기후. 네스테는 기후 영역에서 공급망에서 탄소중립을 이루는 혁신을 이루겠다는 것을 지향하고 있다. 자체 생산공정은 물론 협력업체들도 탄소중립을 달성하도록 하겠다는 것이다. 공급망 탄소중립은 난이도가 높은 과제인데 이를 목표로 삼고 있다는 것 자체가 네스테가 왜 ESG 초일류 기업인지를 잘 보여주고 있다. 그래서인지 접근 방식도 색다르다. 통상 기업들은 지구온난화를 가져오는 탄소배출을 뜻하는 탄소 발자국^{carbon footprint}

을 주로 언급하는데 네스테는 탄소발자국과 함께 탄소 손자국 carbon handprint에 동시에 대처하고 있다. 탄소 손자국은 탄소 발자국의 반대말로 탄소배출을 줄여 기후에 긍정적 영향을 미치는 일을 의미한다. 그러니까 탄소배출 총량이 늘지 않는 탄소중립은 탄소 발자국과 탄소 손자국의 규모가 같은 상태가 되는 것이다.

네스테는 탄소 손자국과 관련해서는 자사 제품을 쓰는 고객들이 2030년까지 매년 온실가스 배출량을 2천만 톤씩 줄여나갈 수 있도록 돕겠다는 구체적 목표치를 제시하고 있다. 목표는 그럴듯한데 이를 어떻게 이루겠다는 것일까? 핵심은 자사 제품의 온실가스 배출량을 최대한 줄이면서 재생에너지 생산을 늘리고 자원순환 해법도 추진하겠다는 것이다. 온실가스를 최대한 덜 배출하는 재생에너지 제품을 판매함으로써 고객의 배출량을 줄이겠다는 포석인 셈이다.

그래서 관건은 온실가스를 적게 배출하는 재생에너지 제품의 생산을 최대한 늘리는 것이 된다. 실제로 네스테는 이들 제품에 생산 확대에 적극적으로 나서고 있다. 네스테의 생산시설은 크게 싱가포르와 네덜란드, 미국, 그리고 핀란드에 있는데 싱가포르 시설은 2023년에 확장 공사가 끝나 연간 생산량이 260만 톤으로 늘어나게 됐다. 또 2022년에 최종 투자 결정이 이뤄진 네덜란드

로테르담 공장의 생산량도 연간 130만 톤이 증가했다. 이와 함께 미국의 합작 투자 공자에서도 매년 210만 톤의 재생 디젤이 생산되게 됐다. 핀란드 포르부 정유 공장의 경우는 재생에너지 생산 공장으로 전환하면서 2030년 중반에 원유 정제 사업을 종료하는 방안을 추진 중이다.

이처럼 네스테는 탄소 손자국과 관련해 재생에너지 제품의 증산에 나서고 있다. 현재 이 기업이 생산 중인 재생에너지 제품은 재생 디젤, 지속가능 항공유SAF, 선박 연료, 그리고 화학산업용 연료이다. 이 중 재생 디젤은 기존 차량을 개조하지 않고도 기존 디젤 차량에서 쓰일 수 있는데 전 생애주기 동안 온실가스 발생량이 화석연료 디젤보다 50~95%나 적다. 네스테는 재생 디젤 판매 확대를 위해 핀란드, 독일, 에스토니아, 라트비아, 리투아니아 등 국가에서 판로를 확대하고 있다. 또 기사용된 쿠킹 오일 등 100% 재생가능한 원료로 만들어지는 지속가능 항공유는 항공사들이 탄소중립을 달성하는 데 도움을 줄 수 있는 원료이다. 실제로 SAF는 화석연료인 제트유에 비해 온실가스 배출량이 80% 이상 적다. 이 연료 또한 비행기의 엔진 등을 개조하지 않고 바로 쓸 수 있는 장점이 있다. 2022년 현재 네스테의 SAF 생산량은 10만 톤 규모인데 2026년까지 시설 확장 등을 통해 2백만 톤 이상으로 크게 늘린다는 계획이다. 현재 네스테가 생산하는 SAF

는 루프트한자, KLM, 핀에어, 아메리칸 에어라인즈, 아마존 프라임에어 등 항공사가 사용하고 있다. 이와 함께 선박 연료로도 온실가스 배출이 적은 저유황 연료와 재생 디젤 등이 공급되고 있다. 결국 네스테가 생산하는 이들 저온실가스 연료는 고객들이 사용단계에서 배출하는 탄소량을 줄이겠다는 탄소 손자국을 겨냥하고 있다고 할 수 있다.

다음으로 탄소중립을 달성하는 다른 축인 탄소 발자국에 대한 네스테의 대응 방안에 대해 알아보자. 한마디로 기존에 배출하고 있는 탄소량을 어떻게 줄일 것인가 하는 문제이다. 이와 관련해 네스테가 세운 목표는 상당히 의욕적이다. 2040년까지 가치사슬 전반의 탄소중립을 이루겠다는 것이다. 자체 시설은 물론 공급망까지 포함하는 가치사슬의 탄소중립을 그것도 2040년까지 달성하겠다는 것은 상당히 인상적이다.

이를 달성하기 위해 네스테는 세 가지의 세부 목표를 제시하고 있다. 첫째, 2030년까지 스코프 1과 스코프 2의 온실가스 배출을 50% 줄이고 2035년에 자체 생산부문의 탄소중립을 먼저 달성하겠다는 것이다. 둘째 목표는 스코프 3 배출 축소의 일환으로 2040넌까시 판매 제품의 배출 집약도(온실가스 배출총량을 에너지 사용량으로 나눈 것)를 2020년보다 50% 줄이겠다는 내용이다. 이를 이루기 위해서는 재생에너지 제품의 판매를 늘리는 게 중요하다. 마지막으로 네스테는 스코프 3, 즉 가치사슬 전반의 간접적 온실가스 배출을 축소하기 위해 협력업체 및 비즈니스 파트너와 협력해나갈 계획이다. 이와 관련해 네스테는 2022년에 50개 주요 협력업체에 대해 실사를 했으며, 원료 수송 등의 온실가스 배출 상황을 실시간 모니터링하기 위해 데이터 수집을 디지털화했다. 네스테는 또 원료 면에서는 2023년에 환경 훼손의 논란이 있는 전통적인 팜오일을 쓰지 않기로 했으며 다른 원료도 재생가능한 재료를 구매하기로 했다. 이와 함께 원료를 수송하는 과정에서의 온실가스 배출을 줄이기 위해 선박 연료를 재생 디젤로 바꾸거나 선박 자체를 에너지 효율적인 구조로 개조하고 있다. 직원들이 업무 여행을 할 때 지속가능 항공유를 사용하는 파트너 항공사를 이용하도록 하는 것도 가치사슬의 온실가스 배출을 축소하기 위한 노력의 하나이다. 지금까지 얘기한 네스테의 온실가스 감축 로드맵은 결국은 산업화 이전에 대비한 지구의 기온 상승 폭을 1.5℃ 이내로 제한하려는 파리기후협약을 준수하기 위한 것이다.

네스테의 온실가스 감축 노력에서 또 한 가지 특징적인 점은 모든 투자 결정 시 내부 탄소가격을 적용하고 있다는 사실이다. 내부 탄소가격은 사업장에서 스코프 1과 스코프 2를 관리하기 위한 수단으로 탄소가격을 사업장이나 투자 결정에 비용으로 부과하는 제도이다. 네스테는 이산화탄소 1톤 당 80유로(2022년)의 탄소가격을 부과하고 있으며 이를 2030년에는 120유로로 올린다는 계획이다. 이 제도는 투자 결정을 할 때 탄소배출에 따른 비용을 부담하게 해 결국 탄소 배출을 줄이도록 유도하겠다는 목적을 가지고 있다.

네스테가 선정한 ESG 경영의 네 가지 핵심 영역 중 두 번째는 생물다양성이다. 생물다양성은 동식물 등 생명체의 다양성, 동일한 종내 유전적 다양성, 그리고 생태계 다양성을 포괄하는 개념이다. 문제는 기후변화와 무분별한 개발 등으로 멸종 위기에 직면한 동식물이 늘어나는 등 생물다양성이 무너지고 있고, 이에 따라 자연에 크게 의존하고 있는 경제와 기업 경영도 위기에 직면하게 됐다는 데 있다. 상황이 이런 만큼 생물다양성을 보호하기 위한 국제적 논의가 진전돼 2022년 말 캐나다 몬트리올에서 열린 제15차 생물다양성협약 당사국총회COP15에서는 육지와 바다의 각각 30%를 보전·관리하는 것을 골자로 한 글로벌 생물다양성프레임워크GBF가 채택됐다. 이뿐만이 아니다. 2023년 9월에는 자연관련 재무정보공개 협의체인 TNFD가 기업의 생물다양성 공시 표준인을 발표했다. 또 투자자와 금융기관들도 생물다양성 손실을 리스크로 보고 기업들이 생물다양성 보호에 나설 것을 압박하고 있다. 이렇듯 생물다양성 손실 이슈는 빠르게 제도화의 국면에 들어서고 있다. 현재 기업들은 크게 두 가지의 방식으로 생물다양성 이슈에 대응하고 있다. 그저 나무 심기 등과 같이 사회적 책임활동의 일환으로 초보적 수준으로 대응하고 있는 기업이 있는가 하면 생물다양성을 경영 전략에 반영해 관련 리스크를 줄이고 자연을 회복시키는 데 체계적으로 나서는 기업이 있다.

생물다양성에 접근하는 네스테의 방식은 후자에 속한다. 이 이슈를 ESG 경영의 핵심영역 중 두 번째로 선정한 것 자체가 이를 잘 보여준다. 실제로도 네스테가 실행에 옮긴 방안들을 보면 생물다양성 문제를 경영 전략 차원에서 구조적으로 다루고 있음을 알 수 있다. 네스테를 모범적이고 선진적인 ESG 기업으로 볼 수 있는 이유이다. 네스테는 2022년 연례보고서에서 "우리의 비즈니스는 자연 자원에 의존하고 있다"며 지구와 비즈니스가 함께 번영하기 위해서는 생태계를 회복시키고 보호하는 게 필수적임을 강조했다. 특히 생물다양성이 네스테의 지속가능 비전 중 하나임을 분명히 했다. 생물다양성이 네스테의 경영철학에 깊게 반영돼있음을 알게 해 주는 대목이다.

이런 경영철학과 전략 아래 네스테가 설정한 생물다양성 관련 목표는 생물다양성에 대해 긍정적 영향을 미치면서 오는 2040년까지 가치사슬 전반에서 네이처 포지티브를 이루는 것이다. 네이처 포지티브는 자연에 대한 해로운 영향보다 긍정적 유익이더 커 자연이 종전보다 더 회복되는 상태를 뜻한다. 통상 기후변화 대응이 탄소배출 총량을 늘리지 않는 탄소중립을 지향점으로삼고 있는 반면 생물다양성 대응은 자연을 더 회복시키는 네이처 포지티브를 목표로 삼고 있다. 이런 내용의 네이처 포지티브는 자체 비즈니스만에서도 실현하기가 만만치 않은 게 현실인데이를 공급망을 포함한 가치사슬 전반에서 이루겠다고 목표치를설정한 자체가 ESG경영에 임하는 네스테의 적극적이고 의욕적인 자세를 잘 보여주고 있다. 네스테는 이런 목표를 달성하기 위해 크게 두 개의 정책을 가동하고 있다. 하나는 기존 사업에 적용되는 것으로 2035년까지 생물다양성의 순손실을 없애겠다는 것NNL, No Net Loss이다. 다른 하나는 신규 사업에 적용되는 것으로2025년부터 생물다양성에 대해 긍정적인 영향을 미치겠다는 내용NPI, Net Positive Impact이다. 다시 말해 기존 사업은 최소한 생물다양성에 부정적 영향을 미치지 않고 신규 사업은 여기에서 더 나아가 긍정적 영향을 실현하겠다는 얘기다.

네스테는 ESG 경영 전반의 중요한 이슈를 파악하기 위해 중대성 평가를 했듯이 생물다양성과 관련해서도 주요 주제를 확인하기 위해 중대성 평가를 실시했다. 평가 대상에는 자체 조직은 물론 가치사슬도 포함됐다. 중요한 과제를 추진할 때 가치사슬을 포함시키는 전향적인 자세가 읽힌다. 네스테는 중대성 평가 결과 생물다양성에 있어 물이 가장 중요한 이슈임을 확인했다. 담수를 취수하고 폐수를 방출하면서 담수 생태계와 해상 생태계 등에 영향을 미칠 수 있다는 결론을 내린 것이다. 이에 따라 폐수 방류가 해양 생태계에 미치는 영향 등에 대해 계속 모니터링을 하고 있다. 또 원재료 채굴과 가공 등 가치사슬에서 물을 잘 관리해나가는 것에 역점을 두고 있다. 특히 물이 중대한 이슈로 떠오른 만큼 네스테는 신규 생산시설을 세우거나 기존 시설을 증설하는 등 투자 프로젝트를 진행할 때 '환경 컴플라이언스 분석 Environmental Compliance Analysis'을 실시해 물과 관련된 리스크를 평가하고 있다.

네스테는 생물다양성 보호를 위해 다양하고 구체적인 활동을 전개하고 있다. 그중 하나가 사라지고 있는 꿀벌을 보존하기 위한 활동이다. 네스테는 본사가 있는 핀란드 에스푸 지역에 한 개에 5만 마리의 꿀벌을 기를 수 있는 벌통들을 설치해 주변 환경에 긍정적인 영향을 미치고 있다는 평가를 받고 있다. 또 미국 일리노이주 멘도타 지역에서는 습지를 보존하기 위한 활동을 펼쳤다. 습지는 숲이나 산호초처럼 매우 생산적인 생태계이다. 수질을 개선하고 야생동물에게 서식지를 제공하며 홍수로 불어난 물을 저장해 피해를 줄여준다. 또 건조한 시기에 물을 공급하고 탄소를 저장해 기후변화를 완화해주는 중요한 역할을 한다.

이와 함께 네스테는 공기 질 개선과 숲 파괴 방지에도 나서고 있다. 네스테는 핀란드 내 포르부 정유공장 인근에서 공기 질을 모니터링해오고 있는데 그동안 성공적인 오염 통제 투자를 해온 결과 유황 이산화물과 질소 산화물 배출이 크게 줄어든 것으로 나타났다. 네스테는 숲이 파괴되지 않고 동식물 서식지가 줄어들지 않도록 노력하고 있다. 특히 원료 생산에 대한 추적 시스템을 가동해 원료 생산이 숲을 파괴하거나 생물다양성을 훼손하지 않도록 하고 있다. 네스테는 2022년에는 소비재포럼GCF 숲 포지티프 연맹에 가입해 숲 파괴를 방지하기 위한 협조체제를 구축하기도 했다.

다음으로 네스테의 인권 경영에 대해 살펴보자. ESG 핵심 영역에 들어가는 네 가지 주제 중 하나이다. 인권 경영은 최근 그 중요성이 더욱 커지고 있는 이슈이다. 기업의 본사 조직은 물론 공급망에서 인권 침해가 없어야 한다는 점이 강조되고 있다. 지난 1996년 문제가 됐던 나이키의 파키스탄에서의 아동 노동 같은 인권 문제가 발생해서는 안 된다는 게 ESG 경영의 기본 철학이기 때문이다. 그동안 글로벌 무대에서는 인권 경영을 제도화하기 위한 틀이 정립돼왔다. UN의 기업인권 규범과 UN 글로벌 콤팩트, OECD의 다국적기업 가이드라인, 프랑스의 인권경영의무화법 등이 대표적 예이다. 특히 최근 들어서는 EU차원에서 공급망에 대해 인권 실사를 하는 방안이 심도 있게 논의되고 있다. 여기에서 실사 대상이 되는 인권 이슈는 강제노동, 아동노동, 결사의 자유, 단결권, 단체교섭권 등이다. 공급망에 대한 인권실사 방안은 기업들이 공급망에서 인권 침해를 식별, 예방, 해소하는 것을 의무화하고 있다. 이를 어길 경우 매출액에 비례한 벌금 부과는 물론 공공조달 입찰 및 수출이 금지되고 민사상 손해배상 청구 대상이 될 수도 있다. 이 방안이 확정될 경우 인권 경영이 더욱 구속력 있는 제도로 자리잡게 될 것으로 보인다.

인권 이슈의 중요성이 이렇게 커지고 있는 만큼 네스테도 인권을 ESG 경영의 핵심 영역으로 포함시켰다. 인권 경영과 관련해 네스테가 내걸고 있는 목표는 2030년까지 보다 평등하고 포용적인 가치사슬을 만들겠다는 것으로 여기에는 네 가지의 우선 추진 영역이 설정돼 있다. 그것은 바로 생활임금living wage 지급과 책임 있는 채용, 아동과 교육, 그리고 불평등 축소이다. 먼저 네스테는 자사 직원은 물론 공급망에서도 적절한 수준의 생활임금을 지급하도록 하고 있다. 이를 위해 협력업체들은 2030년까지 직원

ESG 경영혁신 글로벌 초일류 기업에서 배워라!

들에게 생활임금을 지급하도록 요구하고 있다. 협력업체의 직원 임금까지도 챙기고 있는 것이다. 또 책임 있는 채용은 어떤 일자리든 채용에 따른 비용은 구직자가 아닌 회사가 부담한다는 내용이다. 아동 및 교육은 교육에 대한 아동의 접근을 보장하고 아동의 권리를 존중한다는 것이다. 마지막으로 네스테는 2030년까지 가치사슬 전반에서 불평등을 줄이겠다는 것을 목표로 삼고 있다. 공급망에서의 불평등 축소를 ESG경영의 주요 목표로 삼고 있다는 점이 인상적이다.

이와 함께 네스테는 협력업체와 비즈니스 파트너들이 자사 협력업체 행동규범Supplier's Code of Conduct에서 정한 최소한의 인권 준수 사항을 지키도록 요구하고 있다. 네스테의 협력업체 행동규범은 인권에 관해 다음과 같은 요구사항을 명시하고 있다. 먼저 UN의 기업인권 규범과 OECD의 다국적기업 가이드라인에 따라 인권 실사가 실시돼야 한다. 협력업체들은 또 근로자의 근무시간과 초과 근무시간을 공식적으로 기록해둬야 한다. 아동 및 청년과 관련해서는 15세 미만의 어린 노동자를 채용하지 않아야 하며 15~17세의 청년 근로자들은 건강과 안전을 해칠 수 있는 업무로부터 보호해야 한다. 강제노동 금지가 행동규범에 포함돼 있음은 물론이다. 또 차별 금지와 관련해 인종, 피부색, 종교, 성별, 정치적 입장 등과 관련해서 동등한 고용 기회가 보장돼야 함을 명문화하고 있다. 특히 요즘 자주 이슈가 되고 있는 갑질이나 괴롭힘에 대해서는 어떤 형태의 괴롭힘도 용인하지 않겠다는 입장을 분명히 하고 있다. 이 밖에도 결사의 자유와 단체교섭권도 보장하도록 하고 있다. 공급업체와 파트너들이 인권 경영을 준수하도록 상당히 촘촘하게 지켜야 할 항목을 정해놓고 있는 것이다.

그러면 여기에서 네스테가 인권경영 차원에서 실시하고 있는 구체적인 방안에 대해 알아보자. 가장 대표적인 것은 인권 실사이다. 네스테는 인권 실사가 반복적인 프로세스로 비즈니스 전반에 내재화돼 있다고 밝히고 있다. 자체적으로 인권 실사를 반복적으로 실시하고 있다는 점이 네스테 ESG경영의 특징 중 하나이다. 인권 실사는 크게 영향 파악, 부정적 영향의 방지 및 완화, 그리고 해소, 3단계로 이뤄져 있다. 먼저 실재적이고 잠재적인 영향을 확인하기 위해 인권 핵심 이슈에 대한 지속적인 검토가 진행된다. 또 주요한 사업이 개발되거나 투자 프로젝트가 시작되는 초기 단계에 인권 영향 평가가 실시된다. 예컨대 2022년에 네스테는 외부에서 상품을 구매할 때에도 인권 리스크를 평가했다. 일 단계에서 구매 품목과 대상 국가들을 대상으로 관련 리스크를 평가한 데 이어 이 단계에서 협력업체들의 인권 관행에 대해 진단을 실시했다. 이런 과정을 거쳐 '합격' 판정을 받은 업체로부터 구매가 이뤄지는 것이다. 다음은 부정적 인권 영향의 방지 및 완화. 이를 위해 네스테는 협력업체와 비즈니스 파트너들이 협력업체 행동규범을 승인해 지키도록 하고 위험도가 높은 업체의 경우 함께 인권 경영의 역량 강화를 추진한다. 또 모든 직원을 대상으로 정기적으로 인권 관련 설문조사를 실시하고 e러닝을 통해 관련 교육 기회도 제공한다. 특히 위험도가 큰 프로젝트에 대해서는 인권 전문가를 현장에 배치하고 부정적 인권 영향의 원인을 파악하기 위해 이해관계자들과 협력한다. 마지막 단계는 부정적 인권 영향의 해소. 이와 관련해 네스테는 직원뿐만 아니라 내외부 이해관계자와 일반인들이 접근할 수 있는 고충처리 장치인 에씩 온라인Ethic Online을 운영하고 있으며 개별 프로젝트의 경우 상응하는 고충처리절차를 두고 있다.

네스테는 앞에서 언급한 협력업체 행동준칙과 함께 인권 원칙Human Rights Principle을 운영하고 있다. 이 인권 업칙은 인권 경영과 관련해 7개의 핵심 이슈를 구체적으로 정해놓고 있다. 핵심 이슈 7가지는 공정한 고용, 건강 및 안전, 평등 및 다양성과 차별금지, 아동 및 청년 근로자, 현대 노예노동, 공정한 대우, 경제적·사회적·문화적 권리이다. 이들 핵심 이슈의 자세한 내용은 아래 〈표 6〉과 같다. 네스테는 이 핵심 이슈들의 정도와 발생 가능성을 정기적으로 분석해 인권 리스크를 해소하기 위한 우선순위를 정하고 있다.

표6 네스테 인권 원칙

핵심 이슈	내용
공정한 고용	• 생활임금 권리 • 정의롭고 우호적인 근로조건과 근로시간에 대한 권리 • 결사와 단체교섭권
건강 및 안전	• 안전한 작업장에 대한 권리 • 건강권 • 소비자 보호
평등 및 다양성과 차별금지	• 다양성과 차별금지 • 괴롭힘 금지
아동 및 청년 근로자	• 아동노동 금지 • 아동의 교육권 및 건강권 • 18세 미만 청년에 위험한 업무 금지 • 청년 근로자들의 우호적 근로조건에 대한 권리
현대 노예노동	• 노예노동과 강제노동으로부터의 자유 • 불법적 근로 계약 금지 • 채용 수수료 금지
공정한 대우	• 적절하고 효율적인 고충처리에 대한 권리 • 표현의 자유 • 인권 방어자 존중 • 프라이버시와 개인정보 보호에 대한 권리
경제적·사회적·문화적 권리	• 사회적 보호와 적절한 생활수준에 대한 권리 • 원주민의 권리

네스테는 이밖에 인권 관련 이슈를 체계적으로 파악하기 위해 근로자들의 목소리를 경청하는 데 역점을 두고 있다. 대면 인터뷰는 물론 모바일 기기를 활용한 익명의 설문조사가 병행되고 있다. 특히 설문조사는 공급망에서 일하는 근로자들을 대상으로 진행된다. 네스테가 얼마나 공급망의 인권에 대해 초점을 맞

추고 있는지를 알게 해주는 대목이다.

지금부터는 네스테가 선정한 ESG 핵심 영역의 네 번째 주제인 공급망과 원자재에 대해 알아보자. 주지하다시피 지속가능 경영은 자사만 잘한다고 되는 것이 아니다. 공급망에서도 지속가능 경영이 이뤄져야 ESG경영이 완성되는 것이다. 그만큼 공급망에 대한 관심이 커지고 있다. EU가 공급망에 대한 환경 및 인권 실사를 제도화하려고 하는 이유이기도 하다. 이뿐만이 아니다. 탄소배출량 공시 대상에도 공급망(스코프 3)이 포함돼있다. 결국 ESG경영의 성패가 공급망에 달려있다고 해도 과언이 아니다.

이런 맥락에서 네스테의 공급망 정책은 상당히 원칙적인 편이다. 원자재를 공급하는 협력업체는 반드시 지속가능 실사를 받도록 의무화했다. 특히 인권과 근로권, 건강 및 안전, 기후, 윤리적 행위 등 측면에서 모든 협력업체가 네스테의 협력업체 행동규범을 준수하도록 하고 있다. 2022년 기준으로 보면 재생 원자재 물량의 99%, 원유와 화석연료 원료의 84%가 이 행동규범의 적용을 받고 있다. 협력업체 행동규범은 크게 법규 준수, 비즈니스 행위, 인권 및 근로권, 건강·안전·보안, 환경영향과 기후변화, 보고 요구로 나뉘어 있는데 그 핵심 내용은 아래와 같다. 이 내용을 살펴보면 알 수 있듯이 네스테의 협력업체 행동준칙은 엄격하고 세세하게 규정돼 있다. 협력업체에 인권 존중과 건강 및 안전 관련 조치를 강도 높은 수준으로 요구하고 있으며 환경과 관련된 사안에 있어서도 온실가스 감축, 폐기물에 대한 적절한 조치 등을 실행하도록 명문화해놓고 있다.

협력업체 행동규범

〈법규 준수〉

- 협력업체는 영업 활동에 적용되는 모든 법규를 준수해야 한다.

〈비즈니스 행위〉

- 협력업체는 뇌물 및 부패에 대해 무관용 정책을 시행해야 한다. 또 새로운 사업을 획득하고 기존 비즈니스를 유지하거나 부적절한 이익을 얻기 위해 회사 이사와 직원이 뇌물을 제안하거나 주고받지 못하도록 관련 기준과 절차를 둬야 한다. 협력업체는 선물과 대접이 자사에 대한 결정에 영향을 미칠 것으로 보이는 경우 네스테 직원에게 선물과 환대를 제공해서는 안 된다.
- 협력업체는 모든 적용 가능한 반독점 법규를 준수해 공정

하게 경쟁해야 한다. 또 회사 이사와 직원이 어떤 반경쟁 행위에도 연루되지 않도록 관련 기준과 절차를 둬야 한다.

• 협력업체는 자금세탁 금지와 프라이버시, 모든 경제 및 무역 제재조치에 관한 법규를 준수해야 한다.

• 협력업체는 최선의 회사 이익을 추구해야 하는 네스테 직원의 의무와 이해상충이 생길 수 있는 거래를 할 경우 그 상황을 회피해야 한다. 또 잠재적이거나 실제로 존재하는 이행상충에 대해 네스테에 알려야 한다.

〈인권 및 근로권〉

• 인권 존중: 네스테는 비즈니스 활동과 공급망에 걸쳐 인권을 존중하고 부정적 인권 영향을 교정하기로 약속한다. 협력업체들도 국제적으로 인정되는 인권을 존중해야 한다.

• 고용 표준: 협력업체는 근로시간, 최저임금, 초과근무, 휴식시간, 병가, 연간 휴가, 육아 휴가 등에 관한 법규를 준수하고 이에 대한 적절한 기록을 유지해야 한다.

• 고용 조건: 협력업체는 직원이 근로를 확정하기 전에 고용의 주요 조건을 알 수 있도록 해야 한다.

• 아동 및 청년 근로자: 협력업체는 15세 미만의 근로자를 고용해서는 안 되며 15~17세의 근로자는 건강과 안전을 해칠 수 있는 업무로부터 보호해야 한다. 또 이런 준수 사항을

시행하고 점검할 시스템을 구축해야 한다.

- 강제 노동 및 채용 수수료: 협력업체는 어떤 형태의 강제 노동을 활용해서는 안 되며 채용 수수료와 관련 비용을 근로자가 부담하도록 해서는 안 된다.
- 평등 및 차별 금지: 협력업체는 작업 자체의 필요가 있지 않는 한, 고용 시 인종, 피부색, 성별, 정치적 의견, 출신 국가 등을 고려하지 않고 동등한 기회와 대우를 제공해야 한다.
- 괴롭힘 금지: 협력업체는 직접적이든 간접적이든, 신체적이든 말로 하는 것이든 직원에 대한 어떤 형태의 괴롭힘도 관용해서는 안 된다.
- 결사 및 단체행동의 자유: 협력업체는 자유롭게 조직을 구성하고 단체협상을 할 직원의 권리를 인정하고 존중해야 한다.

〈건강·안전·보안〉

- 협력업체는 경영 활동에 관한 법규를 준수해 직원들에게 건강하고 안전한 작업장 환경을 제공해야 한다.
- 네스테의 '생명구조 룰'을 지켜야 한다.
- 건강 및 안전 요구사항을 준수해야 한다.
- 직원과 도급업자들에게 적절한 건강 및 안전 정보와 장비

를 공급해야 한다.

- 협력업체는 직원과 도급업자들에게 마실 물, 깨끗한 화장실, 적절한 환기장치, 비상구, 적절한 조명, 응급약품 등을 제공해야 한다.

〈환경영향과 기후변화〉

- 협력업체는 환경 문제에 대해 예방적 접근을 하고 보다 큰 환경적 책임을 촉진하기 위한 조치를 취해야 한다. 또 경영 활동의 환경에 대한 부정적 영향을 최소화하고 이후 지속적인 개선이 이뤄지도록 관련 절차를 마련하고 실행에 옮겨야 한다.

- 협력업체는 사업을 하고 있는 지역의 관련 법규와 환경 허가에서 규정된 환경 요구 사항을 지켜야 한다.

- 협력업체는 위험 폐기물을 포함해 생산활동에서 나오는 폐수, 공기 오염, 폐기물을 모니터하고 통제하고 적절히 처리해야 한다.

- 협력업체는 자사의 기후에 대한 영향을 고려해 합리적인 온실가스 감축 조치를 취해야 한다.

- 보고 요구: 협력업체는 이 준칙을 어길 경우 네스테의 컴플라이언스 임원에게 이를 보고해야 한다. 비즈니스 파트너와 이해관계자들은 준칙을 위반한 것으로 의심이 가는 사안

을 네스테 에씩 온라인을 통해 익명이나 대외비로 제보할 수 있다.

기업이 공급망을 관리하는 데 있어 중요한 것은 역시 좋은 협력업체를 선정하는 일이다. 네스테는 이를 위해 후보 업체에 대해 기본적인 자동 점검을 하고 문제 소지가 파악되면 심도 높은 검토 과정을 진행한다. 이와 관련해 네스테는 재생 원자재 공급망에 대한 실사 및 승인 절차를 운용하고 있다. 재생 원자재는 워낙 인권 침해 이슈가 자주 거론되는 만큼 엄격한 절차를 집행하고 있다. 이 실사 절차는 다섯 단계로 이뤄져 있다. 첫째 원자재 평가, 둘째 국가와 원자재 리스크 평가, 셋째 상대 업체의 재무 리스크 등 점검, 넷째 지속가능성 검토, 다섯째 지속가능성 감사이다.

이 중 재생 원자재의 생산 국가에 대한 리스크 평가가 핵심 요소이다. 네스테는 무역 제재, 충돌, 그리고 지속가능 리스크를 기준으로 생산금지 국가 리스트를 보유하고 있다. 네스테는 실사를 위해 생산 국가의 리스크 평가 외에도 리서치, 협력업체 자가 평가, 협력업체 관여, 이해관계자 전문가와의 토의 등을 활용하고 있다. 지속가능성 검토의 경우 지배구조, 근로표준과 관행, 인권, 환경, 건강, 안전 등 포괄적 이슈를 대상으로 진행된다. 후보 업체의 ESG 경영을 꼼꼼하게 살펴보는 것이다. 후보 업체는 실사를 통해 승인 판정이 나와야 네스테와 거래를 할 수 있게 된다. 지속가능 경영 자체가 부진할 경우 아예 네스테와 거래를 틀 수 없는 것이다. 그런데 거래 승인 조치는 국가 리스크, 원자재 공급 물량, 지속가능성 검토 결과 등에 따라 3~5년의 유효 기간이 주어진다. 이 기간이 만료되면 해당 업체는 새로운 실사와 승인 절차를 밟아야 한다.

네스테가 운영하는 공급망 실사 절차의 또 한 가지 특징은 공급망을 깊이 있게 들여다본다는 것이다. 1차 협력업체는 물론 2차 협력업체까지 진단한다. 네스테는 1차 협력업체들에 해당 업체의 공급망과 업체들의 소재지를 알리도록 요구한다. 예컨대 팜 오일은 생산지역의 플랜테이션까지 검토대상에 들어간다. 실사 절차의 마지막 단계인 지속가능성 감사는 지속가능성 리스크가 가장 큰 원자재나 국가를 대상으로 이뤄진다. 감사의 목적은 대상 업체들이 협력업체 행위규범과 지역 규제조치를 준수하고 있는지를 확인하기 위한 것이다. 감사 결과 준수하지 않고 있는 것으로 밝혀진 업체에 대해서는 이를 정해진 시간 안에 교정하도록 요구한다. 지속가능성 감사 또한 1차 협력업체만을 대상으로 이뤄지는 것은 아니다. 2차 협력업체도 감사의 대상이 된다. 2022

년의 경우 19개의 1차 업체와 5개의 2차 업체가 감사를 받았다. 감사 결과 가장 문제가 됐던 이슈는 건강과 안전이었다.

현재 네스테는 다양한 재생 원자재를 사용하고 있다. 네스테가 사용하는 3대 재생 원자재는 식품산업 폐기물에서 나오는 동물성 지방, 기사용 쿠킹오일, 식물성 기름에서 나오는 폐기물이다. 네스테는 지속가능 실사 결과에 따라 신중하게 이들 재생 원자재를 공급하는 협력업체를 선정하고 있다. 엄격한 지속가능 기준을 충족시킨 업체로부터만 원자재를 구매하고 있다. 특히 네스테는 협력업체가 원자재를 생산할 때 삼림을 파괴하지 않고 인권을 존중했다는 것을 입증하도록 하고 있다. 또 재생 원자재가 온실가스를 감축하는 데 도움이 돼야 한다는 점을 분명히 하고 있다.

여기에서 환경훼손과 관련해 외부에서 비판을 받았던 팜오일 문제에 대해 네스테가 어떻게 대응하고 있는지 살펴보자. 네스테는 팜오일 협력 그룹POCG과 사회적 이슈 워킹그룹SIWG에 참여하고 있다. 이런 활동을 통해 팜오일 생산 과정에서 사회·환경적 영향을 개선하려는 노력을 경주하고 있다. 팜오일 문제는 특히 생산지역 내 소규모 자작농과 협조하는 게 중요하다. 이에 따라 네스테는 이들 자작농이 지속가능한 팜오일 생산에 대해 인지하고 전문지식을 얻도록 지원하고 있으며 이에 대한 인증을 받도록 요구하고 있다. 또 인도네시아 등 생산지역에서 삼림파괴 문제 대응, 핵심 보존지역 유지, 소작농의 삶 향상 등 사회·환경적 이슈와 관련해 긍정적 영향을 미치는 것을 목표로 삼고 있다.

ESG 경영을 모범적으로 하는 기업의 특징 중 하나는 이해관계자와 활발히 소통하면서 이들이 제기한 문제를 회사가 추진해 나가야 할 과제로 적극적으로 반영한다는 점이다. 네스테도 마찬가지이다. 네스테는 관련 이해관계자를 ESG경영 과정에 참여시키고 있다. 특히 중요한 경영 과제를 선정하는 중대성 평가 과정에 이해관계자들이 참여하게 함으로써 과제를 선정할 때 이들의 의견을 반영하고 있다. 네스테가 소통 창구로 삼고 있는 이해관계자의 범위는 상당히 넓다. B2B 고객, 소비자, 투자자와 애널리스트, 정부 기관, 협력업체, NGO, 산업단체, 대학 및 연구기관, 지역 공동체, 미디어, 직원 등이 이해관계자이다. 〈표7〉은 네스테가 이들 이해관계자와 어떤 방식으로 소통하고 있으며 어떤 이슈가 제기되고 있는지를 정리한 내용이다. 이 내용을 보면 이해관계자와 소통에서는 역시 환경(E)과 사회(S) 관련 이슈가 주로 제기되고 있다. 환경 이슈로는 기후변화 대응, 온실가스 감축, 생물다양성 보호 등이, 그리고 사회 이슈로는 안전, 건강 등이 논의 대상에 오르는 것으로 나타났다.

표7 네스테의 주요 이해관계자와 소통방식 및 논의 주제

이해관계자	소통 방식	주요 논의 주제
B2B 고객	대면/온라인미팅, 교육 세션, 행사, 설문조사, 네스테 방문	온실가스 감축, 순환경제, 플라스틱 재순환, 안전, 혁신 및 연구개발
소비자	설문조사, 자료 배포, 캠페인, 소셜미디어	제품과 서비스의 지속가능성과 품질, 고객 관계, 정보 제공
투자자와 애널리스트	재무공시, 컨퍼런스 콜, 로드쇼, 미팅	기후변화 완화, 원자재와 공급망의 지속가능성, 재생 원자재
정부 기관	미팅, 네스테 방문	기후 및 온실가스 감축, 재생연료, 플라스틱 재순환, 지속가능 금융
협력업체	지속가능 평가, 감사, 협력, 미팅, 자료 수집	원자재, 지속가능성, 인권, 건강 및 안전, 환경 및 생물다양성 보호
NGO	대화, 합동 프로젝트	기후변화 완화, 지속가능성, 인권, 생물다양성, 지속가능 구매
산업단체	대화, 세미나, 행사	기후변화 완화, 순환경제, 지속가능성, 플라스틱 재순환
대학 및 연구기관	협력, 대화	혁신 및 연구개발, 그린수소, e-fuel
지역 공동체	미팅, 소셜미디어, 웹사이트, 생산시설 투어	고용, 안전, 환경이슈, 투자 및 개발, 지역사회에 대한 영향
미디어	보도자료, 미디어 요구 응대, 인터뷰	기업 뉴스, 고객 이슈, 사회·경제적 주제, 지속가능성, 재생 제품
직원	정기적 토론, 직원의 참여, 소통	전략 및 가치, 지속가능성, 기후변화 대응, 건강, 안전, 복지, 교육 및 자기계발, 비즈니스 윤리, 행동규범, 다양성·평등·포용성

지금까지 살펴본 내용을 정리해보면 네스테는 ESG경영의 '교과서'로 봐도 될 듯하다. ESG의 중요한 핵심 이슈가 기후변화 대

응, 생물다양성, 인권, 공급망인데 네스테는 이 네 가지를 ESG 경영의 핵심 과제로 선정해 세밀한 대응 방안을 마련해 이를 실행에 옮기고 있다. 특히 이 과정에서 자사의 생산공정뿐만 아니라 공급망을 그 대상에 포함하고 있는 점이 돋보인다. 이해관계자와 소통에만 그치지 않고 이들을 통해 회사가 추진해나가야 할 주요 ESG 과제를 선별해내고 있는 점도 그렇다. 이 점은 앞에서 살펴본 오스테드와 네스테, 두 기업에서 공통적으로 보이는 특징이다. 이 두 기업은 ESG 경영이 이해관계자를 명실상부하게 참여시키는 경영임을 잘 보여주고 있다.

네스테 ESG 경영의 특징

- 비즈니스 모델을 재생연료로 대전환하는 데 성공했다.
- 기후, 생물다양성, 인권, 그리고 공급망과 원자재를 네 가지 핵심 주제로 선정하고 세부 과제를 실행하고 있다.
- 2035년까지 스코프 1과 스코프 2의 탄소중립을 달성하는 데 이어 2040년까지 가치사슬 전반에서 탄소중립을 실현하겠다는 목표를 추진하고 있다.
- 생물다양성과 관련해 2040년까지 네이처 포지티브를 달성해 자사가 사용하는 자연을 종전보다 더 나은 상태로 만들어 놓

겠다는 계획을 수립했다.

- 탄소배출 감축, 생물다양성, 인권, 안전과 건강 등 기준을 공급 망에도 엄격하게 적용한다. 공급망 실사 시 1차 협력업체는 물론 2차 협력업체도 대상에 포함하고 있다.
- 기업들이 부담스러워하는 '이중 중대성'을 도입했다.
- 이해관계자들을 ESG경영 과정에 적극적으로 참여시켜 주요 과제를 선정하고 있다.

탄소 감축에 진심인
마이크로소프트

—

글로벌 대표기업인 마이크로소프트MS는 ESG 경영에 있어서도 단연 다른 기업의 역할 모델이 되고 있다. 2050년 탄소중립과 같이 일반적으로 합의된 목표를 훨씬 넘어선 지점을 지향하고 있다. 탄소 감축의 경우 2030년까지 '탄소 네거티브'를 이루겠다는 것이 MS의 목표이다. 이를 위해 매년 탄소 배출량을 0.5% 이상 줄여나가기로 했다. 실제로 2022년에 탄소배출량은 0.5%가 감소했다. 직접 배출량인 스코프 1과 간접배출량인 스코프 2가 22.7%나 줄어든 데 따른 것이다. 2050년까지 탄소중립을 달성하는 것도 쉽지 않은 일인데 시점을 20년이나 앞당기고 탄소중립이 아닌 탄소배출 총량을 감축하는 탄소 네거티브를 목표로 삼은 것 자체가 대단한 일이다. MS는 한발 더 나아가 회사가 창립된 1975년 이후 배출해온 탄소배출량을 2050년까지 모두 없애겠다고 공언하고 있다. 탄소배출을 줄이는 데 말 그대로 진심이다. MS의 매트 세콜은 "탄소를 많이 배출하는 기업은 어떻게 최대한 이를 줄일 것인지를 파악하고 추진해야 한다"면서 "협력업체들도 기후 리스크를 줄이는 데 참여해야 한다"고 말했다.

MS는 탄소 감축과 관련해 세 가지의 접근 방식을 취하고 있다. 첫째는 앞에서 얘기한 2030년 탄소 네거티브처럼 자체 환경발자국을 줄이는 것이다. 둘째는 고객의 지속가능성에 대한 지원이다. MS는 이와 관련해 고객들이 환경에 대한 영향을 측정·관리하고 진전 상황을 공시하도록 돕고 있다. MS는 2022년에 지속가능 클라우드Microsoft Cloud for Sustainability를 런칭했는데 이 클라우드는 고객사들이 스코프 1, 스코프 2, 스코프 3 배출량을 기록, 공시, 축소하는 데 도움을 주고 있다. 또 탄소배출 영향 대시보드EID는 고객이 클라우드 사용에 따른 탄소배출의 영향을 이해할 수 있도록 하고 있다. 셋째, MS는 클린에너지 정책과 탄소회계 표준 등 환경을 이롭게 하고 기후변화 대응하는 정책을 지지·지원하고 있다. 글로벌 지속가능성을 촉진하기 위한 움직임이다.

이밖에 MS는 2020년부터 10억 달러 규모의 기후혁신펀드Climate Innovation Fund를 운영하면서 에너지 저장과 탄소 제거 같은

ESG 경영혁신 글로벌 초일류 기업에서 배워라!

새로운 혁신기술 사업에 자금을 지원하고 탄소 혁신가들을 돕고 있다. 이 펀드는 설립 이후 50개 투자 사업에 6억 달러가 넘는 자금을 투입했다. 마이크로소프트는 이와 함께 2030년까지 '물 포지티브'와 제로 폐기물을 실현하겠다는 목표도 가지고 있다. 물에 대해 긍정적인 영향을 미치고 폐기물을 아예 없애겠다는 것이다. 폐기물 감축과 관련해서는 현재 82% 수준인 클라우드 하드웨어의 재사용 및 재활용 비율을 2030년까지 90%로 올린다는 계획이다.

MS는 사회(S)와 지배구조(G)에 있어서도 선두그룹에 속해있다는 평가를 받고 있다. 예컨대 인적 자본 개발과 데이터 보안, 그리고 프라이버시 등 측면에서 높은 점수를 받고 있다. 지난 2021년에는 주주들이 MS가 괴롭힘과 성차별 문제에 대해 보다 투명한 입장을 보일 것을 요구하는 내용의 주주제안을 주총에서 통과시킨 일이 있었다. MS는 채 1년도 지나지 않아 괴롭힘을 방지하기 위한 방안을 포함한 보고서를 내놓았다. 캘버트 리서치앤드인베스트먼트의 애널리스트인 제이슨 퀴는 인베스터스 비즈니스데일리와의 인터뷰에서 "MS는 ESG에 있어서 매우 일관되고 강한 실적을 보여줬다"고 평가했다. MS의 지속가능 담당임원CSO인 멜라니 나카가와는 "지구와 사람을 위한 지속가능 경영은 MS의 성공과 떼려야 뗄 수 없는 관계에 있다"며 "MS는 지속가능성을 모든 업무에 내재화하고 있다"고 강조했다.

MS의 ESG 경영은 몇 가지 특징을 보이고 있다. 먼저, 정보통신기업답게 철저히 과학에 근거해 의사 결정을 하고 있다. 2030년 탄소 네거티브를 결정한 계기도 과학이었다. 기후변화에 대해 과학적 분석을 한 결과 글로벌 합의사항인 2050년 탄소중립을 이루기 위해서는 민간 부문의 보다 적극적인 대응이 필요하다고 보고, 2030년 탄소 네거티브와 물 포지티브, 그리고 제로 폐기물을 결정했다는 것이 MS 측의 설명이다. 둘째, 지속가능성이 기업 문화가 됐다. MS 기업 문화의 핵심에는 MS가 잘 되기 위해서는 세상이 잘돼야 한다는 믿음이 있다. 셋째, 지속가능성이 비즈니스의 중심 주제로 자리를 잡고 있다. MS는 지속가능성을 전략, 경영 활동의 전반, 그리고 각각의 비즈니스 그룹과 자회사 등에 내재화하고 있으며 협력업체들도 여기에 참여시키고 있다. ESG 경영이 자사는 물론 협력업체에도 뿌리내리도록 노력하는 ESG 모범기업의 특성이 MS에서도 그대로 나타나고 있다. MS는 지속가능경영을 우선시하는 지배구조도 갖추고 있다. 각 비즈니스 그룹은 내부탄소 가격을 부담해야 하기 때문에 자체 탄소배출량에 대해 책임을 지게 돼있다. 그러다 보니 MS 전반의 지속가능 경영 목표를 달성하는 데 기여하는 것이 비즈니스 그룹의 우선 과제가 됐다. 이와 관련된 진전 상황은 분기마다 점검을 받고 있다. 특히

ESG 경영혁신 글로벌 초일류 기업에서 배워라!

MS 내에는 고위 경영진으로 구성된 '기후위원회Climate Council'가 설치돼 ESG경영의 진행 상황과 우선순위를 감독하고 있다.

지금부터 탄소, 물, 폐기물 등에 대한 MS의 접근 방식에 대해 자세히 들여다보자. MS에 있어 2020년은 중요한 획을 긋는 한 해였다. 앞에서 언급한 대로 2030년까지 탄소 네거티브, 물 포지티브, 제로 폐기물을 달성하고 2025년까지 사용한 토지보다 더 큰 규모의 토지를 보호하겠다고 공표한 해이기 때문이다. 산업계의 ESG경영을 선도하는 깃발을 올린 것이다. 이 같은 목표는 본사, 데이터센터, 기기, 소프트웨어, 그리고 가치사슬 전반에 적용되는 것이어서 MS가 지속가능경영을 위해 담대한 발걸음을 내디딘 것으로 받아들여졌다.

MS의 '2020년 다짐' 중 탄소 네거티브에 대해 살펴보자. MS는 매우 공격적인 탄소 감축 계획을 추진하고 있는 만큼 MS의 사례가 다른 기업에 많은 참고가 될 수 있을 것으로 생각한다. MS는 2022년에 매출이 18%의 성장률을 기록했다. 외형이 성장한 만큼 탄소배출도 늘어나는 게 일반적 예이다. 하지만 탄소배출은 0.5%가 감소했다. 스코프 1과 스코프 2 배출이 23%나 줄고 스코프 3 배출도 0.5% 늘어나는 데 그친 덕분이다. MS의 탄소배출량은 1,300만 톤 수준이다. 이 중 스코프 3 배출량이 96%

이상을 차지한다. IT 기업의 특성상 직접 배출량이 적고 공급망에서의 배출량이 대부분을 차지하고 있는 것이다. MS의 스코프 3 배출량 중 비중이 큰 것은 업스트림에서 구매 상품 및 서비스와 자본재이고 다운스트림에서는 판매제품의 사용단계이다.[2]

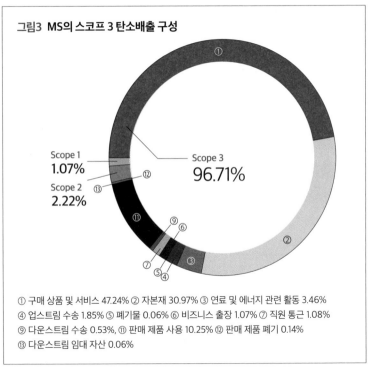

그림3 MS의 스코프 3 탄소배출 구성

Scope 1
1.07%

Scope 2
2.22%

Scope 3
96.71%

① 구매 상품 및 서비스 47.24% ② 자본재 30.97% ③ 연료 및 에너지 관련 활동 3.46%
④ 업스트림 수송 1.85% ⑤ 폐기물 0.06% ⑥ 비즈니스 출장 1.07% ⑦ 직원 통근 1.08%
⑨ 다운스트림 수송 0.53%, ⑪ 판매 제품 사용 10.25% ⑫ 판매 제품 폐기 0.14%
⑬ 다운스트림 임대 자산 0.06%

자료: Microsoft, '2022 Environmental Sustainability Report'

---

2 다운스트림은 전방사업으로 최종 소비자에게 제품 및 서비스를 판매하기 위한 과정이고, 후방사업인 업스트림은 기업이 생산을 위해 상품 및 서비스를 구매하는 과정과 관계가 있다.

ESG 경영혁신 글로벌 초일류 기업에서 배워라!

앞에서 소개한 대로 MS는 2030년까지 탄소배출량보다 탄소 흡수량이 많은 탄소 네거티브를 달성하고 2050년까지 회사가 창립된 1975년 이후 직접적으로 또는 전기 소비에 의해 배출한 탄소 총량을 모두 없애겠다는 야심 찬 계획을 추진하고 있다. 이를 위해 세 가지의 세부 계획이 마련돼 있다. 첫째, 스코프 1과 스코프 2의 배출 대부분을 없앤다는 생각이다. 이를 위해 에너지 효율을 올리고 탈탄소화를 진행하며 2025년까지 필요한 에너지의 100%를 재생에너지로 사용한다는 계획이다. 둘째, 2030년까지 스코프 3, 즉 공급망에서의 배출을 2020년 대비 절반 이상 줄이기로 했다. 대부분의 탄소를 배출하는 공급망의 탈탄소화를 위해 적극적으로 메스를 대겠다는 것이다. MS는 이와 함께 2030년까지 전기 소비의 100%를 무탄소 에너지로 충당하기로 했다.

MS의 이 같은 탄소배출 감축 계획을 스코프 1, 스코프 2, 스코프 3로 나눠 알아보자. 자주 언급되는 용어여서 여기에서 다시 한번 정의를 반복해서 설명한다. 스코프 1은 기업이 공장 시설 등에서 직접적으로 배출하는 탄소이다. 스코프 2는 기업이 사용하는 전기 등 에너지에 의해 배출되는 탄소이다. 또 스코프 3는 앞에서 설명한 업스트림과 다운스트림 등 기업의 가치사슬에서 나오는 탄소배출량을 말한다.

먼저 MS의 스코프 1과 스코프 2 배출 축소계획을 살펴보자. MS는 이와 관련해서 에너지 효율을 제고하고 화석 연료 사용을 줄이는 두 가지 일을 병행하고 있다. MS는 에너지 효율을 올려 에너지를 덜 쓰기 위해 전기를 많이 사용하는 데이터센터의 효율을 제고하는 데 주력하고 있다. 또 본사의 냉난방을 하는 데는 지열을 활용하고 있다. MS 내에는 지열 에너지 센터가 설립돼 있는데 지열을 확보하기 위해 900여 개의 깊은 우물이 굴착돼 있다. 지열 사용은 에너지 소비를 50% 이상 줄이는 데 도움이 된다는 평가를 받고 있다. MS는 아울러 해외법인이나 지사를 세울 때 에너지 효율을 포함한 엄격한 지속가능 기준을 적용하고 있으며 모든 건물이 에너지 소비를 줄이도록 매년 에너지 효율을 점검하고 있다.

스코프 1 및 스코프 2 배출을 줄이는 데는 화석연료 사용을 감축하는 방안도 동원되고 있다. 이를 위해 2030년까지 모든 데이터센터에서 디젤 사용을 중단할 계획이다. 이와 관련해 수소가 적극적으로 활용되고 있다. 재생에너지 단가가 떨어지고 그린 수소 생산 기술이 진전되고 있는 여건이 수소 활용에 호재가 되고 있다. MS는 데이터센터에서 디젤 사용을 줄이고 수소를 활용하는 방안을 추진하고 있는데 수소와 공기가 화학적 반응을 하게 함으로써 전기와 열, 그리고 물을 얻는 방식으로 일이 진행된다.

ESG 경영혁신 글로벌 초일류 기업에서 배워라!

화석 연료 사용을 줄이기 위한 방법은 이뿐만이 아니다. 수력 발전도 활용되고 있다. MS는 본사에 매일 천 명 이상 분의 식사를 제공하는 '전기 식당'을 열었는데 여기에서는 수력 발전에 의해 생산된 전기가 100% 쓰이고 있다. MS는 이밖에 모든 업무 차량을 전기차로 바꿔나간다는 계획이다.

다음은 스코프 3 탄소배출을 줄여나가기 위한 방안이다. 전체 배출 탄소의 96% 정도가 스코프 3에서 나오는 만큼 MS가 2030년까지 탄소 네거티브를 달성하느냐의 여부는 여기에 달려 있다고 할 수 있다. 2022 회계연도의 경우 MS의 스코프 3 탄소배출은 탄소 감축 활동에 따라 0.5% 증가에 그쳤다. 예컨대 서버와 네트워크 장비의 사용 기간을 종전의 4년에서 6년으로 늘린 것이 탄소 감축에 기여했다. 그런데 스코프 3 탄소배출을 줄이는 데 있어 어려운 점은 스코프 3가 협력업체와 소비자 등 MS가 직접 통제하기 어려운 경제 주체들의 영역이어서 정확한 데이터를 얻기 어렵다는 데 있다. 이에 따라 MS는 스코프 3 영역에 있어서 보다 정확하고 세밀한 데이터를 확보하는 데 우선순위를 두고 있다. 이 문제를 해결하기 위해 MS는 협력업체에 대한 요구수준을 높여왔다. 대표적인 사례가 2022년 7월 협력업체 행동규범을 업데이트한 것이다. 이를 통해 MS는 협력업체들이 2030년까지 온실가스 배출을 최소 55% 줄이도록 요구했다. 협력업체에까지 배출 감축 목표를 제시한 것이다. 상당히 강도 높은 조치이다. MS는 이와 함께 협력업체들이 탄소배출 자료에 대해 제3의 독립 기관으로부터 인증을 받도록 했다. 협력업체가 제공하는 탄소배출 자료의 질과 신뢰도를 높이기 위한 조치이다.

이뿐만이 아니다. MS는 협력업체 행동규범을 통해 이들 업체에 저탄소 제품과 비즈니스 모델을 기대한다는 신호를 보내고 있다. 보다 구체적으로는 협력업체들이 온실가스 배출량을 밝히고 감축 계획을 제시하도록 압박하고 있다. 실제로 상위 협력업체들을 만나 배출량을 어떻게 측정하는지 점검하고 감축하기 어려운 영역이 어디인지를 확인하는 등의 활동을 펼치기도 했다. 또 디바이스를 공급하는 협력업체들에 대해서는 탄소배출을 줄이고 재생에너지를 사용하며 제조공정을 개선하도록 유도했다. 그 결과 2022년에는 12개 업체가 에너지원을 재생에너지로 전환했고 이 중 6개 업체는 RE100 회원사로서 100% 재생에너지를 사용하기 시작했다. 지금까지 살펴본 것처럼 협력업체들의 온실가스 배출 감축을 유도하는 데 있어 협력업체 행동규범이 중요한 역할을 하고 있다. 행동규범 중 온실가스 배출에 관련된 내용은 아래와 같다.

온실가스 공시:
협력업체들은 완전하고, 일관되며, 정확한 스코프 1, 스코프 2,

스코프 3 온실가스 배출을 밝혀야 한다. 또 MS가 확인한 방법에 의해 온실가스 배출 데이터를 계산하는데 필요한 요소들도 밝혀야 한다. 협력업체들은 공표된 데이터에 대해 독립적인 또는 제3의 기관의 인증을 제공해야 한다. 협력업체들은 2030년까지 온실가스 배출을 최소 55% 줄이는 계획 또는 이와 유사한 수준의 감축을 달성하는 다른 대안을 제시하고 이를 실현해야 한다. 데이터 공표와 인증, 온실가스 감축 목표, 이 목표의 달성 등 구체적 요구사항은 협력업체 계약이나 다른 형태의 문서에 기술된다.

지금까지 살펴본 것처럼 MS에 스코프 3 배출 감축은 탄소 네거티브를 달성하는 데 있어 매우 중요한 영역이다. 중요도가 남다른 만큼 MS는 스코프 3 배출 감축을 위해 몇 가지 전략을 추진하고 있다고 밝히고 있다. 첫째 전략은 에너지 효율을 제고하는 것이다. MS는 이를 위해 제품 등을 설계할 때 에너지와 탄소 집약도를 줄이고 다운스트림과 업스트림에서의 탄소배출을 최소화하는 데 역점을 두고 있다. 둘째, 저탄소 시장의 조성이다. MS는 탈탄소 소재와 연료의 공급망을 구축하기 위하여 기후혁신 펀드 등을 활용해 초기 단계의 기술에 투자하고 이를 구매하고 있다. 셋째, 파트너십 구축이다. MS는 탄소 네거티브를 홀로 달성할 수 없다는 점을 잘 알고 있다. MS는 신규 기술 등에 대한 투자에 금융기관과 정부를 참여시켜 공급망의 탈탄소화를 진전시켜나가겠다는 방안을 추진하고 있다. 넷째, 탄소 측정을 개선하는 것이다. 주지하다시피 측정할 수 없는 것은 관리할 수 없다. MS는 탄소배출을 줄여나가기 위해 스코프 3 데이터와 탄소 회계를 개선하는 데 주력하고 있다.

MS는 이외에도 스코프 3 탄소 감축을 위해 다양한 방법을 쓰고 있다. 대표적인 방식이 시설을 건축하거나 제품을 구매할 때 에너지 효율 제고와 순환경제를 중시하는 것이다. 예를 들어, 통상 데이터센터를 세울 때는 자칫 피크 전력을 너무 높게 잡는데 실제로는 전기가 과소사용되는 문제가 발생한다. MS는 이 문제를 해결하기 위해 데이터센터의 피크 전력 수준을 낮추고 사용되지 않은 전력을 회수함으로써 에너지 효율을 개선하고 있다. 또 디바이스가 사용되는 단계에서 탄소배출을 줄일 수 있는 소프트웨어를 활용하고 있다. X박스용으로 에너지 효율적인 셧다운 모드를 사용하는 게 좋은 예인데 이는 기기가 꺼져 있을 때 최대 20번까지 전력을 차단하는 기능을 한다. MS는 빌딩이나 인테리어에 포함돼 있는 탄소를 줄이기 위한 노력도 하고 있다. 이를 위해 저탄소 소재를 쓰고 있다. 재활용된 유리 포졸란을 사용한 콘크리트를 써서 탄소를 줄인 것이 한 가지 예이다. 수송 물류에 있어서도 저탄소 해법을 실행에 옮기고 있다. 이런 노력의 일환으로 화물 수송 수단을 탄소를 많이 배출하는 항공과 트럭

ESG 경영혁신 글로벌 초일류 기업에서 배워라!

에서 저탄소인 선박과 철도로 바꾸기도 했다.

스코프 1, 스코프 2, 스코프 3의 탄소배출을 줄이는 것과 함께 무탄소 에너지로 전환하는 것도 MS가 추진하는 목표이다. MS는 2030년까지 에너지 소비의 100%를 무탄소 에너지로 충당한다는 계획이다. 특히 태양광 발전과 관련해서는 그린에너지 생산을 늘리기 위해 한국의 한화와 협력하고 있다. 주목할 만한 점은 무탄소 에너지를 지향하는 가운데 다양성과 포용성, 그리고 평등을 고려한 '환경 정의'를 추구하고 있다는 사실이다. MS는 이를 위해 지역 공동체가 주도하는 청정에너지와 환경 정의를 연계하는 방식을 쓰고 있다. 즉, 청정에너지로 인한 이익을 공평하게 배분함으로써 공동체에 기회를 창출해주는 재생에너지 구매 모델을 운영하고 있다. 예를 들어보자. MS는 미국 일리노이주에서 두 개의 신규 공동체 태양광 정원을 지원하고 있다. 이 태양광 정원은 자기 집에 태양광 지붕을 설치할 여력이 없는 지역 취약 계층이 재생에너지에 접근할 수 있는 길을 터주고 있다. 이 태양광 정원은 지역 주민들이 전기 비용을 10만 달러 이상 줄일 수 있게 해주면서 동시에 1,000가구의 평균 전기 사용량에 맞먹는 규모의 탄소배출을 감축하는 것으로 추산되고 있다. MS는 또 미시시피주 파놀라 카운티에서도 환경 정의 활동을 펼치고 있다. 파놀라 카운티는 흑인이 가장 많고 빈곤율이 미국 평균의 두 배

수준에 이르는 지역인데 MS는 이 지역 주민들에게 최초의 태양광 전기를 제공했다. 또 루이지애나주에서는 태양광과 에너지 효율 제고 프로젝트에 자금을 지원함으로써 저소득층과 중산층의 전기 요금 절감에 기여했다.

MS가 탄소 네거티브 다음으로 추진하고 있는 목표는 '물 포지티브water positive'이다. 물 포지티브는 다른 기업에서 흔히 볼 수 없는 개념으로 기업 활동에서 물 소비를 줄이고 사용한 물보다 많은 양의 물을 보충하며 사람들에게 물과 위생에 대한 접근권을 보장하겠다는 것을 의미한다. MS는 2030년까지 물 포지티브를 이루겠다는 목표를 가지고 있다. 이를 위해 두 가지의 구체적인 계획을 세워놓고 있다. 그 하나는 2030년까지 소비하는 양보다 많은 양의 물을 보충하겠다는 것이고, 다른 하나는 같은 시한 내에 150만 명에게 깨끗한 물과 위생 서비스에 대한 접근권을 제공하겠다는 것이다. MS는 물 포지티브 목표를 실현하기 위해 탄소가격제와 비슷한 '내부 물 수수료internal water fee' 제도를 운영하고 있다. 탄소를 많이 배출한 비즈니스 그룹에게 더 많은 탄소 가격을 물리듯이 물 소비가 많은 조직에 수수료를 물리는 제도이다. 이렇게 부과된 돈은 물을 보충하는 데 쓰인다. 물 수수료 제도는 내부 조직들의 물 소비를 줄이고 물 포지티브 목표에 대한 인식을 제고하기 위해 가동되고 있다.

ESG 경영혁신 글로벌 초일류 기업에서 배워라!

MS는 물 포지티브 실현을 위해 세 가지의 구체적인 방안을 가동하고 있다. 그것은 물 발자국 축소와 물 보충, 물 접근권 개선이다. 먼저 물 발자국 축소에 대해 알아보자. 이는 물 소비를 줄이겠다는 것으로 물 사용의 효율성을 높이고 물을 재활용하는 등의 방식이 쓰이고 있다. 물 재활용의 경우 데이터센터와 MS 캠퍼스에서 실행되고 있는데 빗물을 다시 사용하거나 재활용된 물을 구매하곤 한다. 빗물은 화장실이나 도로 세척 등에 쓰이고 있다. 물 발자국을 줄이는 데는 기술혁신도 중요하다. 이런 차원에서 MS는 지열 에너지 같은 물 사용 축소 기술이나 냉각 기술 등에 적극적인 투자를 하고 있다. 냉각 기술로는 바깥공기로 서버를 냉각하거나 물을 증발시켜 식히는 방법 등이 사용된다. MS는 앞으로 물에 대한 의존도를 낮추기 위해 혁신기술에 대한 투자를 계속 해나간다는 계획이다.

다음은 물 보충. 물 사용량보다 더 많은 양을 채워 넣겠다는 것이 목표이다. MS가 투자 대상으로 삼고 있는 것은 빗물이 하천으로 흘러 들어가는 경계인 분수계分水界를 보호하고 습지를 회복하는 것 등이다. 이를 통해 이들 지역에 물이 채워지도록 하겠다는 것이다. 구체적인 사례를 소개해보자. MS는 2021년에 텍사스주 산 안토니오 지역에 있는 보존지역을 사들여 이 지역이 개발되는 것을 막았다. 이 지역은 개발이나 잘못된 관리 방식으로 훼손될 위험에 처했는데 MS의 결정으로 지속적으로 지하수를 재충전하고 물을 흡수하는 게 가능해졌다.

물 포지티브를 달성하기 위한 세 번째 방안은 물에 대한 접근 개선이다. MS는 2030년까지 150만 명이 안전하게 마실 수 있는 물과 위생 서비스에 대한 접근권을 보장하겠다는 목표를 추진하고 있는데 2022 회계연도의 경우 브라질, 인도, 인도네시아. 멕시코에서 55만여 명에게 접근권을 제공했다. 예컨대 멕시코에서는 물이 부족한 지역에 사는 주민에게 빗물을 받을 수 있는 대규모 통을 마련할 수 있도록 마이크로 론micro-loan이 지원됐다. 이는 환경 정의를 실현하는 방법이기도 하다.

MS가 탄소 네거티브, 물 포지티브와 함께 적극적으로 추진하고 있는 ESG 경영의 또 다른 목표는 2030년까지 폐기물을 없애겠다는 제로 폐기물(웨이스트)이다. 현재 전 세계적으로 1,000억 톤의 제품이 소비되고 있는데 이 중 재사용이나 재활용되는 제품은 8.6%(2020년 기준)에 불과하다. 그만큼 폐기물이 대량으로 나와 환경을 해치고 있다. 폐기물을 줄이기 위한 재사용과 재활용의 중요성이 커지고 있는 이유이다. 이처럼 제품이 순환되면 관련 제품의 생산량을 줄일 수 있게 돼 탄소 발생을 줄이는 효과도 생기게 된다.

MS는 '2030 제로 폐기물'을 달성하기 위해 네 가지 방안을 추진하고 있다. 첫째, 2030년까지 데이터센터와 캠퍼스에서 나오는 폐기물의 90%를 감축하고 모든 건설과 해체 공사의 폐기물을 70% 줄일 계획이다. 공사 폐기물을 줄이기 위해서는 시행업체로부터의 데이터 수집이 필요한데 여기에는 폐기물 어플리케이션이 활용되고 있다. 둘째, 2025년까지 모든 클라우드 하드웨어의 서버와 부품 90%가 재사용, 재활용하도록 할 방침이다. 여기에는 미국과 아일랜드, 싱가포르 등 지역에 설치된 순환센터Circular Center가 활용된다. 셋째, 2025년까지 주요 제품 포장과 데이터센터 내 IT 자산 포장에서 일회용 플라스틱을 사용하지 않기로 했다. 마지막으로, 2030년까지 OECD 회원국에서 서피스Surface 기기, 엑스박스Xbox 제품 및 액세서리, 그리고 모든 제품의 포장을 100% 재활용할 계획이다. 제품 포장의 재활용 비율은 2022년에 94.4% 달했다.

제로 폐기물을 실현하기 위한 방안의 내용을 구체적으로 살펴보자. MS는 무엇보다 데이터센터의 클라우드 하드웨어에 대한 관리를 강화하고 있다. 이와 관련해 순환센터를 런칭해 재사용과 재활용 등 순환경제를 데이터센터의 설계와 운영에 반영하고 있다. 2021년에 MS는 전 세계 서버 용량의 7%를 차지하는 네덜란드 암스테르담 데이터센터 캠퍼스에 순환센터를 세워 자산을 재

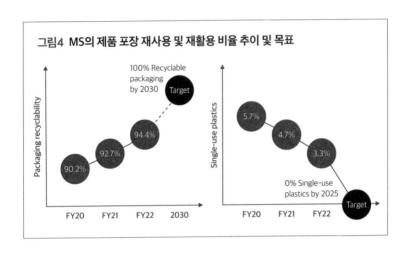

그림4 MS의 제품 포장 재사용 및 재활용 비율 추이 및 목표

사용하는 파일럿 테스트를 했다. 당시 암스테르담 순환센터는 클라우드 하드웨어를 해체했는데 해체된 자산의 82%가 재사용되거나 재활용됐다. 이뿐만이 아니다. 이 데이터센터는 탄소 발생량을 4% 줄였다. 암스테르담 순환센터가 성공하자 MS는 미국 버지니아주의 보이드톤, 일리노이주의 시카고, 아일랜드의 더블린, 그리고 싱가포르에서 추가로 순환센터의 문을 열었으며 2025년에는 텍사스주에도 이를 설치할 계획이다. MS의 순환센터는 자산을 재사용하고 재활용함으로써 상당한 규모의 탄소배출을 줄이는 역할을 할 것으로 기대되고 있다. MS는 이와 함께 2022년에는 클라우드 하드웨어 친환경 기준을 공표했다. 이 기준은 협력업체들이 준수해야 할 에너지 효율 기준 등을 담고 있다.

MS는 폐기물 감축을 위해 협력업체들과도 공조하고 있다. MS는 하드웨어 공급망의 회로보드 공정에서 금을 100% 재활용하는 방안을 협력업체들과 함께 추진하고 있다. 또 배터리 팩을 재사용할 수 있게 함으로써 일회용 플라스틱을 줄여나가려 하고 있으며 소프트웨어 공급망에서 폐기물을 감축하기 위해 게임과 앱, 그리고 선물 카드의 실물 카드를 없애는 대신 이를 디지털로 다운로드할 수 있게 하고 있다.

다음으로 살펴볼 주제는 토지 발자국을 줄이는 이슈이다. MS는 2025년까지 사용한 토지보다 더 큰 규모의 토지를 보호하겠다는 목표를 추진하고 있다. 이는 생물다양성을 보호하겠다는 차원의 조치이다. 한 가지 예를 들어보자. MS는 2021년에 글로벌 생물다양성 핵심지역에서 23만 6,000에이커의 토지를 보호하기 위한 TNC 벨리제 마야 숲 프로젝트에 참여했다. 이와 관련해 지역 비영리 기구로 벨리제 마야 숲 신탁이 설립됐다. 이 신탁은 지역 대학과 함께 숲을 보존하기 위한 실행 계획을 만들고, 숲과 수생 생태계, 살쾡이 등을 주요 보존 대상으로 지정했다. 신탁은 또 생물다양성을 보호하기 위해 지역 공동체와 협업하고 있으며 물의 질 같은 공통 관심사를 확인함으로써 이들 이해관계자와 신뢰 관계를 구축했다.

지금까지는 MS가 역점을 두고 있는 탄소 네거티브, 물 포지티브, 제로 폐기물, 토지 발자국 축소에 대해 알아보았다. 이들 방안은 MS가 자체적으로 환경을 보호하려는 움직임이다. 그런데 MS는 고객들이 환경에 대한 부정적 영향을 줄이도록 돕는 일에도 적극 나서고 있다. 고객이 탄소 발자국을 줄이고 물 관련 리스크를 이해하도록 돕는 것이다. 예컨대 2022년에는 클라우드의 기능을 탄소배출 감축은 물론 스코프3 탄소 배출 계산과 물 관련 데이터 집중화까지 확대했다. 고객들이 환경 발자국을 측정, 관리하고 생태계를 모니터할 수 있도록 지원했다. 이에 따라 고객들은 여기저기에 흩어져 있는 탄소배출 자료를 한데 모아 더 정확하고 신뢰할 수 있는 공시를 할 수 있게 됐다. 특히 고객사가 클라우드를 사용한 양에 따른 탄소배출량을 투명하게 알 수 있게 함으로써 스코프 3 배출량을 정확하게 알릴 수 있게 됐다.

이와 함께 '녹색 소프트웨어'도 고객의 환경 발자국 축소를 돕는 방안으로 활용되고 있다. 녹색 소프트웨어는 에너지 효율을 높이고 탄소배출을 줄이는 데 초점을 맞추고 있다. 녹색 소프트웨어가 가동되는 방식은 이런 식이다. 언제 그리고 어디에서 작업을 할 때 가장 저탄소 에너지를 쓸 수 있는지를 제안한다. 또 서버가 실제로 사용되지 않을 때는 남아도는 전력을 최대한 줄인다. 이 방법을 쓰면 에너지 사용량을 최대 25% 줄이는 효

ESG 경영혁신 글로벌 초일류 기업에서 배워라!

과가 있는 것으로 지적되고 있다. 윈도우 업데이트도 비슷한 기능을 가지고 있다. 디바이스가 켜져 인터넷에 연결되면 해당 지역의 탄소 집약도를 파악해 가장 높은 비율의 전기가 저탄소 에너지원으로부터 전송될 때 설치를 시작한다. PC가 사용되지 않을 때 수면Sleep이나 화면 꺼짐 기능이 사용되는 것도 전기 사용에 따른 탄소 배출을 줄이기 위한 것이다.

지금까지는 MS의 환경(E) 경영에 대해 주로 진단해봤다. 앞에서도 언급했지만, MS는 사회(S) 경영에서도 선두권이라는 평가를 받고 있다. ESG에서 사회는 소비자, 직원, 협력업체 등 이해관계자를 존중하는 경영을 뜻한다. 사람을 잘 돌보는 경영을 하는지에 초점이 맞춰져 있다. 사회와 관련된 지표 중 최근 중요성이 높아지고 있는 이슈가 다양성과 포용성이다. 다양성은 채용과 이사회 구성 등에서 성별이나 인종 등과 관계없이 동등한 기회를 부여하는 것을 뜻한다. 포용성은 실제 업무에서 차별 없이 동등한 권한과 성장 기회를 제공하는 것을 의미한다. 중요한 점은 다양성과 포용성이 양호한 기업일수록 우수한 경영성과를 보이고 있다는 점이다. 남녀평등의 관점에서 이를 살펴보자. 컨설팅 기업인 맥킨지가 15개국의 1천 개 이상 기업을 대상으로 분석한 결과를 보면 경영진 내 여성 비율이 30% 이상인 기업은 여성이 없거나 소수에 그친 기업보다 경영 실적이 48%나 좋은 것으로 나타났다. 다른 연구를 보면 이사회 내에 여성 임원이 존재하면 남성만 있는 경우보다 더 다양한 관점과 독립적 의견이 제시돼 기업 성과에 좋은 영향을 주고 있다. 구체적으로는 여성 임원이 있는 기업은 상대적으로 낮은 위험 수준과 부채비율, 이익 변동성을 보였고, 여성 비율이 높아질수록 기업 가치에 긍정적 영향이 나타났다. 특히 ESG 경영도 높은 성과를 보였다. 또 다른 연구는 이사회의 성별 다양성이 양호할수록 ESG 통합 등급도 높아지고 E(환경), S(사회), G(지배구조) 지표 각각에도 긍정적인 영향을 주고 있다고 분석했다.

MS의 다양성과 포용성은 어느 정도 수준일까? 양호한 수준을 보이고 있다. 190개가 넘는 나라에서 비즈니스를 하며 22만 명이 넘는 직원이 일하고 있는 MS에서는 본질적인 경쟁력 강화를 위해 다양성과 포용성을 강화하는 게 필수적일 것이다. 실제로 2023년 6월에 직원들을 상대로 실시된 설문조사 결과를 보면 응답자 중 78.9%에 이르는 직원이 MS의 다양성과 포용성에 대해 긍정적인 평가를 했다. "마이크로소프트에서 우리는 다양하고 포용적이다. 이는 다른 사람의 아이디어에 개방적이며 다른 견해를 존중함을 의미한다. 다양성이 우리의 성공에 핵심적인 요소라고 믿는다" CEO인 사티아 나델라도 이 점을 강조한다. "다양성과 포용성에 대한 다짐은 MS의 본질적인 소명이다. 우리는

ESG 경영혁신 글로벌 초일류 기업에서 배워라!

고객에게 더 나은 서비스를 제공하고 모든 직원이 최선을 다할 수 있도록 포용적 기업 문화를 강화하는 데 초점을 맞추고 있다"

MS의 다양성과 포용성을 드러내 주는 통계치를 살펴보자. 먼저 남녀평등. MS가 2023년에 내놓은 '글로벌 다양성과 포용성 보고 2023'을 보면, 인력 중 여성 비율은 33.1%로 일 년 전보다 0.5% 포인트가 올랐다. 임원 중 여성 비율은 29.1%로 3.2% 포인트 상승했다. 이는 MS의 전체 인력 변동률에 비해 여성 인력 증가율이 더 높은 데 따른 것이다. 2023년에 전체 인력은 0.1%가 줄어든 데 비해 여성 인력은 1.4% 늘어났다. 2019년 이래 여성 인력의 증가율은 74.7%로 전체 인력 증가율 54.1%를 크게 웃돌고 있다. 이 기간에 여성 이사의 수가 두 배 수준으로 증가했다. 남녀는 급여 수준에서도 대등하다. 2023년 9월 기준으로 동일한 직급과 근속연수를 가진 미국 내 남녀직원을 비교해보면, 남성이 1,000달러를 벌 때 여성의 급여 수준은 1,007달러인 것으로 나타났다. 동일한 기준으로 미국 이외 지역에서 일하는 남녀직원의 급여 수준을 비교해도 결과는 똑같다. 남성이 1,000달러를 벌 때 여성 급여는 1,003달러이다. 여성이 남성과 대등한 대우를 받고 있다.

다음은 인종 이슈. MS 직원 중 백인이 아닌 소수인종 비율은

54.8%로 일 년 전에 비해 1.5% 상승했다. 인종별로 구성 비율을 보면 아시안이 36.8%, 히스패닉과 라틴계 8.0%, 흑인 6.7% 등 순이다. 소수인종 비율이 오른 것은 전체 인력 수가 줄어드는 가운데에서도 이들 인종 인력은 1~2%가 늘어난 데 따른 것이다. 특히 흑인과 히스패닉 및 라틴계 이사 수는 2019년 이후 두 배나 증가했다. 인종 간에는 급여 차별도 존재하지 않는다. 2023년 9월 기준으로 동일한 직급과 근속연수를 가진 미국 내 직원을 비교해보면, 백인 직원이 1,000달러를 벌 때 소수인종 직원의 급여 수준은 1,007달러인 것으로 나타났다.

표8 2019년~2023년 중 MS 직원의 구성 비율 추이

GLOBAL DATA	2019	2020	2021	2022	2023
여성	29.2%	30.2%	30.9%	32.7%	33.1%
남성	70.7%	69.6%	69.0%	67.2%	66.8%

US DATA	2019	2020	2021	2022	2023
ASIAN	33.3%	34.9%	34.9%	34.2%	35.3%
BLACK AND AFRICAN AMERICAN	4.4%	4.7%	5.6%	6.9%	6.8%
HISPANIC AND LATINX	6.2%	6.4%	6.9%	7.5%	7.9%
NATIVE AMERICAN AND ALASKA NATIVE	0.5%	0.4%	0.4%	0.4%	0.4%

ESG 경영혁신 글로벌 초일류 기업에서 배워라!

NATIVE HAWAIIAN AND ISLANDER	0.2%	0.2%	0.2%	0.2%	0.2%
WHITE	52.1%	49.2%	48.3%	47.2%	46.0%
MULTIRACIAL	2.1%	2.3%	2.5%	2.7%	2.7%

자료: 마이크로소프트, 글로벌 다양성과 포용성 보고 2023

　이와 함께 ESG 경영 우수기업들이 중점을 두고 있는 이슈 중 하나는 공급망이다. 공급망의 ESG 수준을 높이지 않고서는 기업 전체의 ESG 경영을 개선할 수 없기 때문이다. MS도 마찬가지이다. MS는 협력업체 행동규범을 통해 협력업체들이 환경, 인권, 안전 및 보건 등 사안에 대해 잘 대응하도록 압박하고 있다. 탄소배출 감축의 경우 협력업체들이 2030년까지 최소한 55%를 줄이도록 요구하고 있다. 상당히 강도 높은 압박이다. MS의 이런 입장에 따라 2023년에 40개의 협력업체가 재생에너지를 사용하기 시작했는데 이 중 12개 업체는 100% 재생에너지 이용으로 전환했다. 또 94%의 협력업체들이 탄소배출량을 환경영향 공시기구인 CDP에 공시하고 있다. 이 밖에 MS는 인권 침해 문제가 발생할 소지가 있는 광물 공급망에 대한 관리를 강화하기 위해 '광물 공급망 지도'에 포함하는 대상을 종전의 금, 주석, 텅스텐 등에서 알루미늄, 코발트, 구리, 리튬, 니켈, 실리콘 등으로 넓히기도 했다.

　그러면 여기에서 MS가 협력업체에 대한 관리를 강화하고 있는 핵심축인 협력업체 행동규범 중 환경, 인권, 보건 및 안전 등에 대해 알아보자. 핵심적인 내용을 아래에 요약 소개한다.

MS 협력업체 행동규범

〈법규 준수〉

어떤 형태의 뇌물 지급도 이를 금지한다.

〈인권과 공정 노동〉

1) 괴롭힘과 불법적 차별 및 복수를 하지 않아야 한다. 또 여성과 이주 노동자 등의 권리를 존중해야 한다.

2) 어떤 경우든 아동 노동을 활용해서는 안 된다.

3) 강제 노동은 허용되지 않는다.

4) 특정한 일을 위해 고용된 외국 근로자에 대해서는 계약 종료 시 귀국 교통편을 제공해야 한다.

5) 근로자들에게 관련 법규를 준수하는 수준의 임금과 법적으로 의무화된 복지를 제공해야 한다.

6) 근로자를 존엄과 존경의 태도로 대해야 한다.

7) 근로시간은 법으로 정한 최대시간은 넘어서는 안 된다. 특히 초과근무를 포함한 주당 근로시간은 60시간을 초과할

수 없다. 모든 초과근무는 자발적이어야 한다.

8) 결사와 단체행동의 자유를 보장해야 한다.

9) 효율적인 고충처리 절차를 운용하고 인권 침해 사례에 대응할 때에는 MS와 협조해야 한다.

〈보건 및 안전〉

1) 모든 근로자에게 안전하고 건강한 작업 환경을 제공해야 한다.

2) 협력업체가 근로자에게 제공하는 기숙사나 숙소는 보건 및 안전 기준을 충족시키고 청결해야 한다.

3) 근로자에 대한 화학적, 생물학적 위험이 확인되면 이를 없애거나 줄이는 방안을 찾아야 한다.

4) 근로자들이 사용하거나 이해할 수 있는 언어로 적절한 작업장 보건 및 안전 정보를 제공해야 한다.

5) 산업 재해나 질병을 방지, 관리, 추적, 보고하기 위한 절차와 시스템이 운용돼야 한다.

〈환경 보호와 법규 준주〉

1) 적용 가능한 환경 관련 모든 법규와 국제 조약을 준수해야 한다.

2) 오염물질 발생, 해로운 토양 변화, 폐기물 등을 최소화하거

나 없애야 한다. 이는 오염 통제 장치의 추가, 생산공정의 수정 등을 통해 이뤄져야 한다.

3) 수자원의 사용과 처리를 모니터하고 물을 보존하며 오염을 통제하는 물 관리 프로그램을 운용해야 한다.

4) 휘발성이 있는 유기 화학물, 에어로졸, 오존 감축 물질 등을 정기적으로 모니터하고 통제해야 한다.

5) 사람과 환경에 해로운 화학물질과 폐기물 등은 안전한 처리, 저장, 재활용과 재사용 등을 위해 관리돼야 한다.

6) 제품과 포장 표시 및 라벨링, 재사용, 처분 등에 관해서는 계약에 명시된 대로 MS의 모든 요구사항을 준수해야 한다.

7) 협력업체들은 완전하고, 일관되며, 정확하게 스코프 1, 스코프 2, 스코프 3 온실가스 배출을 밝혀야 한다. 또 MS가 확인한 방법에 의해 온실가스 배출 데이터를 계산하는 데 필요한 요소들도 밝혀야 한다. 협력업체들은 공표된 데이터에 대해 독립적인 또는 제3의 기관의 인증을 제공해야 한다. 협력업체들은 2030년까지 온실가스 배출을 최소 55% 줄이는 계획 또는 이와 유사한 수준의 감축의 달성하는 다른 대안을 제시 하고 이를 실현해야 한다. 데이터 공표와 인증, 온실가스 감축 목표, 이 목표의 달성 등 구체적 요구사항은 협력업체 계약이나 다른 형태의 문서에 기술된다.

마이크로소프트 ESG 경영의 특징

- 탄소 감축에 매우 적극적이다. 2030년까지 탄소 네거티브를 달성하고 회사가 창립된 1975년 이후 배출해온 탄소 배출량을 2050년까지 모두 없애는 방안을 추진하고 있다.

- 협력업체들의 탄소배출 감축을 강하게 압박하고 있다. 협력업체들이 2030년까지 온실가스 배출을 최소 55% 줄이고 스코프 1, 스코프 2, 스코프 3 배출량을 밝히도록 요구하고 있다.

- 2030년까지 물 포지티브, 제로 폐기물을 실현하고 2050년까지 사용한 토지보다 더 큰 규모의 토지를 보호하기로 했다.

- 탄소배출 감축과 물 사용 절감을 위해 내부 탄소가격 제도와 물 수수료 제도를 운용하고 있다.

- 다양성과 포용성도 양호한 수준을 보이고 있다. 인력 중 여성 비율은 33.1%이며 남녀의 급여 수준이 대등하다. 인종 간 급여 수준에도 차별이 없다.

- 협력업체 행동규범을 통해 협력업체들이 환경, 인권, 안전 및 보건 등 이슈에 잘 대응하도록 유도하고 있다.

멀리 내다본
유니레버

—

영국기업인 유니레버는 세계 최대의 소비재 기업 중 하나이다. 미용 제품과 생활용품, 식품, 아이스크림 등이 주요 제품이다. 2022년 기준으로 매출액은 601억 파운드에 달했고 17.9%의 높은 영업이익률을 기록했다. 세계적으로 280개의 공장을 가동하고 있는 유니레버는 100여 개국에서 12만 7,000명의 직원을 고용하고 있다. 협력업체도 5만 2,000개에 이른다.

유니레버 또한 ESG 경영을 진정성을 가지고 실행에 옮기고 있는 기업이다. 유니레버가 내걸고 있는 '기업의 목적'은 '지속가능한 삶을 일상화하자'이다. 비전은 '지속가능한 비즈니스에서 글로벌 리더가 됨으로써 탁월한 성과를 내자'이다. 비전 자체에

ESG와 기업가치 제고를 향한 신념이 내재해있다. 직전 CEO인 알랜 조프는 2022년 연례 보고서에서 "지속가능성에 대한 유니레버의 다짐에는 지속가능성으로 강력한 가치를 창출하려는 확고한 결의가 담겨있다"며 "지속가능한 비즈니스는 성장을 가져오고 비용과 리스크를 줄이며 인재를 유치하는 효과를 가져올 것"이라고 강조했다. 실제로 헬리만, OMO, 렉소나 등 대표적인 브랜드는 2022년에 두 자릿수의 성장률을 기록했다. 또 2008년 이후 에너지와 물 사용의 효율을 높여 절감한 비용만 15억 파운드에 달한다. 유니레버는 지속가능한 비즈니스에서 글로벌 리더가 되기 위한 네 가지 방안을 구체적으로 제시하고 있다. 이는 ▲ 기후행동으로 넷제로 달성 ▲ 플라스틱 사용 감축 ▲ 자연과 농업 재생 ▲ 공급망에서의 생활수준 향상이다.

유니레버가 ESG 경영을 추진하는 과정에서 있었던 일들을 소개해본다. 유니레버는 물을 절약할 수 있는 식기 세제인 선라이트Sunlight를 시판한 적이 있다. 그런데 이 제품이 소비자들의 호평을 받으면서 다른 제품까지 매출이 늘어나는 효과를 누렸다. 친환경적인 제품이 기업가치 제고를 가져온 것이다. 좀 더 큰 틀에서 시장의 단기영업 압박에 저항(?)한 사례도 있다. 지난 2009년에 유니레버 CEO인 폴 폴먼은 단기 경영에서 벗어나기 위해 시장이 요구하는 분기 실적 발표를 하지 않겠다고 발표했다. 이

조치 이후 단기 수익을 추구하는 헤지펀드들이 주식을 매각하면서 어려움도 있었지만, 결과는 성공적이었다. 단기 투자자가 줄어들면서 주가가 안정됐다. 특히 폴 폴먼이 재임한 10년 동안 주가는 150%나 올랐다. 시장 지수의 상승 폭을 크게 상회한 수준을 기록했다. 폴 폴먼은 2021년에 하버드 비즈니스 리뷰와의 인터뷰에서 당시를 회고하며 "기업은 인기 경쟁을 하는 것이 아니라 비즈니스를 위해 옳은 일을 하는 것"이라고 강조했다. 폴먼은 분기 실적 발표를 폐지한 조치에 대해 이렇게 설명했다.

기후변화나 식품의 안전성 그리고 불평등 같은 문제를 해결하기 위해서는 장기長期에 초점을 맞춰야 한다. 분기 실적 발표 경주에 참여하면서 이런 일을 할 수는 없다. 분기 실적 발표를 중단하고 장기로 옮겨간 것은 영웅적인 일이 아니다. 그것은 경계선을 바꾸는 일이었다. 사람의 행동은 경계선에 의해 결정된다. 당시 유니레버는 다른 많은 기업처럼 단기주의의 희생양이 돼 있었다. 우리는 움직여야 했다. 다른 기업에도 이를 권유한다. 이해관계자 모델로 옮겨가고 책임을 수용함으로써 많은 문이 열렸다. 많은 기회가 생겼다.

유니레버는 2010년에 '유니레버 지속가능 생활계획USLP;Unilever Sustainability Living Plan'이라는 중요한 계획을 실행에 옮긴다. USLP는

ESG 경영혁신 글로벌 초일류 기업에서 배워라!

지속가능한 생활을 유니레버의 핵심 목표로 규정했다. 10년의 기간에 걸쳐 달성할 세 가지의 담대한 목표가 수립됐다. 그것은 10억 명 이상의 건강과 복지를 개선하고, 환경에 대한 영향을 절반 수준으로 줄이며, 비즈니스의 성장을 통해 수백만 명의 삶을 향상시키는 일이었다. USLP는 이 세 가지의 목표 달성을 위해 7개의 하위 범주를 선정했다. 그것은 건강과 위생, 영양, 온실가스, 물, 폐기물, 지속가능한 구매, 그리고 더 나은 삶livelihood이었다. '더 나은 삶'은 사회적 어젠다를 포괄한 개념이었는데 나중에 공정한 일터, 여성의 기회, 포용적 비즈니스로 확장됐다. 결과적으로 USLP는 세 가지 목표와 이를 뒷받침하는 9개의 하위 범주로 구성돼 추진됐다. USLP의 특징은 CSR처럼 핵심 업무에 추가된 부수 업무가 아니라 그 자체가 전략이고 기업의 성장 어젠다에 내재화했다는 점이다. 결과는 성공적이었다. 10년 후인 2020년에 USLP는 대부분의 목표치를 달성했거나 초과했다. 예컨대 12억 달러의 비용을 절감하고, 13억 명이 건강과 위생을 개선하도록 도왔다. 제조 공장의 전기는 100% 재생에너지로 전환됐으며, 탄소배출량도 65%나 줄었다. 또 경영진의 여성 비율은 51%로 상승했고, 지속가능한 농산물 원자재 구입비율은 14%에서 67%로 크게 증가했다. 생산물 1톤당 물 사용량도 49% 줄었고, 모든 공상에서 매립 쓰레기를 없앴다. 특히 수익성이 크게 개선되고 주가도 경쟁사보다 더 많이 오르는 등 경영 실적도 크게 호전됐다.

2020년까지의 10년 동안 매출은 460억 달러에서 500억 달러로 10% 증가하는데 머물렀지만, 영업이익은 64억 달러에서 83억 달러로 30%나 늘어났다. 지속가능성을 경영의 중심에 둔 결과 기업가치가 제고되는 선순환이 일어난 것이다.

표9 유니레버 지속가능 생활 플랜(USLP)

목표	목표의 내용	하위 범주	하위 범주 설명
10억 명 이상의 건강과 위생 개선	2020년까지 10억 명 이상 건강/위생 개선 지원	건강 및 위생	생명 위협 질병 축소
		영양	최고 영양기준 부합 제품 비율 두 배 확대
환경에 대한 영향 절반 감축	2030년까지 제품의 생산과 사용이 가져오는 환경 발자국 절반 감축	온실가스	2030년까지 제품 생애 주기 동안 온실가스 배출 절반 감축
		물	2020년까지 제품 사용 단계에서 물 사용량 절반 감축
		폐기물	2020년까지 절반 감축
		지속가능 구매	2020년까지 농산물 원자재 100%를 지속가능 구매
수백만 명의 삶 향상	2030년까지 수백만 명의 삶 향상	공정한 일터	2020년까지 유니레버 및 공급망의 인권 개선
		여성의 기회	2020년까지 여성 5백만 명에 권한 부여
		포용적 비즈니스	2020년까지 550만 명의 삶에 긍정적 영향

유니레버는 USLP를 실행하기 전인 2006년에도 지속가능한 경영을 성공적으로 실행했던 경험이 있었다. 이 경험이 USLP를 수립하고 실천에 옮기는 데 바탕이 됐다는 평가다. 당시 유니레버는 차茶 시장에서 치열한 경쟁을 벌이고 있었다. 그런 상황에서도 지속가능한 방식으로 재배된 차만을 구매하는 방안을 추진했다. 재래식 차 생산이 살충제와 농약, 비료를 대규모로 사용하는데다 토양침식을 더욱 가속화하고 있다는 판단에 따른 것이었다. 문제는 50만 명의 소작농을 양성하고 농가에서 구매하는 차 가격도 올려줘야 한다는 점이었다. 경쟁이 치열한 시장에서 결국 차 가격을 올리는 것은 언뜻 보면 '자해행위'로 비춰질 수도 있었다. 하지만 유니레버는 이를 실행에 옮겼다. 그동안 저가 경쟁 탓으로 원가를 낮추는 데만 집중해 경영이 열악했던 농장들이 큰 혜택을 받았다. 수확량도 늘어나고 수입도 증가했다. 하지만 유니레버에는 차 생산 원가가 많이 늘어난 점이 부담이 됐다. 유니레버는 이 어려움을 지속가능성을 주제로 한 캠페인을 적극적으로 벌여 돌파했다. 소비자들이 '지속가능한 차'라는 개념에 공감하면서 판매도 늘어나고 시장점유율도 올라가는 성과를 거뒀다. 도전적 과제였지만 지속가능 구매를 과감하게 실행한 게 빛을 발한 것이다.

유니레버는 USLP 시행 7년 차이던 2017년 초에 한차례 위기를 맞기도 했다. 당시 경쟁사인 크래프트 하인츠의 CEO인 알렉산더 베어링은 런던에 있는 유니레버 본사를 찾아 폴 폴먼을 면담했다. 이 자리에서 그는 폴먼에게 유니레버를 1,430억 달러에 인수하겠다는 제안을 했다. 시장가격에 18%의 프리미엄을 얹은 가격이었다. 크래프트 하인츠는 2년 전에 브라질의 프라이빗에쿼티 회사인 3G와 워런 버핏이 운영하는 버크셔해서웨이에 인수된 상태였다. 문제는 3G가 비용을 줄여 단기 수익을 늘리는 경영을 추구한다는 데 있었다. 이해관계자를 존중하며 장기 경영을 추구해온 유니레버로서는 회사를 망칠 수도 있는 제안에 직면한 셈이 됐다. 물론 순순히 이 제안을 받아들이면 경영진들은 돈방석에 앉을 수도 있었다. 하지만 폴 폴먼은 유니레버를 크래프트 하인츠 같은 기업에 넘길 수 없었다. 때마침 NGO와 노조 지도자들이 이 인수에 반대하는 등 여론이 하인츠 측에 불리하게 형성되면서 마침내 인수 시도가 무산된다. 지속가능 기업을 지키려 했던 경영진의 결심과 여론의 지원이 만들어 낸 합작품이었다.

유니레버 CEO였던 폴 폴먼이 하버드비즈니스리뷰와의 인터뷰에서 던진 질문은 ESG 경영의 본질이 무엇인지를 잘 말해주고 있다. "기업은 세상의 문제를 만들어 내기보다 어떻게 그 문제들을 해결함으로써 이익을 낼 것인가?" "기업이 있어서 세계가 더 나아질 수 있는 것인가?"

넷 포지티브(Net Positive) 기업

폴 폴먼 전 유니레버 CEO와 앤드류 윈스턴은 공저 '넷 포지티브'에서 유니레버가 모범을 보인 넷 포지티브 기업의 비전을 이렇게 설명하고 있다.

넷 포지티브 기업은 자사가 영향을 미치는 모든 사람과 모든 영역의 복지를 개선한다. 여기에는 모든 제품과 사업, 지역, 국가, 그리고 근로자, 협력업체, 지역사회, 고객을 포괄한 모든 이해관계자가 포함된다. 미래세대와 지구 자체도 개선 대상에 들어간다.

이들 두 저자는 넷 포지티브 기업을 뒷받침하는 5가지 핵심 원칙을 제시한다.

- 더욱 광범위한 범위의 세계에 대해 미치는 기업의 영향에 대한 책임을 진다.
- 상시로 좋은 실적을 추구하면서도 장기에 더 초점을 맞춘다.
- 다양한 이해관계자에 봉사하고 그들의 이익을 우선시한다.
- 기업의 범위를 넘어서 협력과 혁신적 변화를 수용한다.
- 이 모든 일의 결과로 주주에 견고한 수준의 수익을 제공한다.

이 책에서 그려진 넷 포지티브 기업의 모습은 이렇다. 이들 기업은 배출한 탄소보다 더 많은 탄소를 제거하고 수자원을 청정한 상태로 만든다. 또 이들은 공급체인 근로자들이 적정한 임금을 받아 존엄을 유지하도록 한다. 모든 인종과 '능력'에 대해 포용적인 기회를 제공하고 경영진 구성의 성평등과 급여 평등을 이룬다. 아울러 제품과 서비스를 통해 소비자와 지역사회의 후생이 더 나아지게 만들고, NGO들을 동등한 협력자로 여겨진다. 정부는 이들 기업을 자기 이익을 실현하려는 로비스트가 아니라 모두를 이롭게 하는 규칙을 개발하려는 파트너로 인식한다. 그리고 장기가치 창출을 지지하는 투자자들은 건전한 수준의 재무적 이익을 얻는다.

유니레버는 이렇듯 지난 20여 년 동안 꾸준히 ESG 경영을 실천에 옮겨왔다. 유니레버는 환경에 대한 영향 감축, 인권, 책임 있는 원자재 조달 등을 일관되게 시행해오면서 소비재 산업의 표준을 만들어 왔다는 평가를 받고 있다. 그러면 여기에서 유니레버 ESG 경영의 구체적 내용에 대해 살펴보자.

먼저 기후 행동. 유니레버는 다른 ESG 경영 모범기업과 마찬가지로 온실가스 배출을 줄이는 데 매우 적극적인 모습을 보이고 있다. 우선 온실가스 총량이 더 이상 늘어나지 않는 넷제로를 2039년까지 달성하겠다는 목표를 제시하고 있다. 중요한 점은 이 목표치의 대상에 자사뿐만이 아니라 가치사슬까지 포함돼있다는 점이다. 아예 자사와 가치사슬까지 통틀어 스코프 1과 스코프 2, 스코프 3에서의 온실가스 배출 넷제로를 이루겠다는 것이다. 이를 위해 두 가지의 보조 목표가 제시됐다. 첫째 2025년까지 스코프 1과 스코프 2 배출을 2015년에 비해 70% 줄이는 중간목표를 설정한 데 이어 2030년까지 100% 전량 감축하기로 했다. 2031년부터는 스코프 1과 스코프 2의 온실가스 배출을 제로로 만들겠다는 계획이다. 이어 유니레버는 제품의 온실가스 발자국을 2030년까지 2010년 수준의 절반으로 축소하기로 했다. 이 같은 목표치는 지구의 기온상승 폭을 산업화 이전 대비 1.5℃ 이내

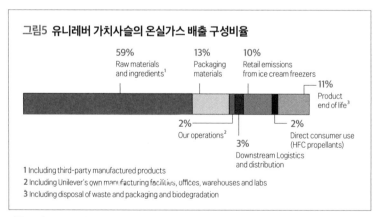

그림5 유니레버 가치사슬의 온실가스 배출 구성비율

59% Raw materials and ingredients[1]
13% Packaging materials
10% Retail emissions from ice cream freezers
11% Product end of life[3]
2% Our operations[2]
3% Downstream Logistics and distribution
2% Direct consumer use (HFC propellants)

1 Including third-party manufactured products
2 Including Unilever's own manufacturing facilities, offices, warehouses and labs
3 Including disposal of waste and packaging and biodegradation

자료: Unilever Annual Report and Account 2022

로 억제하기로 한 파리기후협약에 맞춰 세워졌다.

〈그림5〉는 유니레버 가치사슬에서 배출되는 온실가스 구성 비율을 활동별로 표시한 것이다. 이를 보면 공장과 사무실, 창고, 연구소 등 유니레버 자사 활동에서 나오는 배출가스는 2%에 불과하다. 나머지 98%는 스코프 3에서의 배출이다. 가장 구성 비율이 높은 것은 원자재로 59%이고, 다음으로 포장재 13%, 폐기물과 포장재 처리, 생물분해 등 11%, 아이스크림 냉동고 배출 10%, 다운스트림(판매단계 가치사슬) 물류 및 유통 3%, 직접적 소비자 사용 2%이다.

따라서 유니레버가 2039년 넷제로 목표를 달성하느냐의 여부는 스코프 3 배출 감축에 달려 있다고 할 수 있다. 이 중 가장 비중이 큰 원자재가 매우 중요하다. 문제는 원자재 생산은 유니레버 외부의 공급망에서 이뤄져 유니레버가 직접적으로 통제하기 어렵다는 점. 협력업체와의 협력이 중요한 이유이다. 유니레버는 이와 관련해 2021년에 '협력업체 기후 프로그램Unilever Supplier Climate Programme'을 발표했다. 이 프로그램은 원자재를 생산하는 협력업체의 탈탄소화를 가속화하기 위한 목적을 가지고 있다. 이 프로그램에 따라 기후에 대한 영향이 큰 300개 업체가 협력 대상으로 선정됐는데 2022년에는 이 중 35개 업체를 대상으로 파일럿 테스트가 진행됐다. 이 테스트를 통해 협력업체들은 기후관련 지식을 축적하고 온실가스 배출 데이터를 계산하고 공유하는 능력을 개발하게 됐다고 유니레버는 자평하고 있다.

원자재와 관련해서는 삼림파괴에서 자유로운 공급망과 재생 농업이 중시되고 있다. 삼림파괴는 최근 이슈가 되고 있는 현안이다. 지난해 4월 EU에서는 생물다양성 보존과 관련된 중요한 법안이 의회를 통과했다. 이 법안은 '반反삼림파괴법'으로 EU지역에서 상품을 판매하는 기업들이 실사와 신뢰할만한 정보 제공을 통해 해당 상품이 지난 2020년 12월 31일 이후 파괴된 삼림에서 생산되지 않았음을 입증하도록 의무화했다. 이 법을 위반할 경우 상당한 규모의 벌금을 내게 돼 있다. 반삼림파괴법의 적용 대상은 팜오일, 소고기, 커피, 코코아, 콩, 목재, 그리고 고무이다. 이와 함께 이들 8가지 제품을 활용해 제조된 가죽, 초콜릿, 가구, 인쇄용지, 숯도 규제 대상에 들어있다. 결국, 반삼림파괴법의 목적은 법에 저촉되는 상품의 판매를 금지함으로써 이들 제품의 공급망에서 삼림 파괴를 없애겠다는 것이다. 현재 팜오일과 콩은 EU지역에서 소비된 8가지 제품이 야기한 삼림파괴의 3분의 2를 유발한 것으로 추산되고 있다. 특히 삼림 파괴는 기후변화를 유발하는 온실가스 배출에 10%의 원인 제공을 하고 있다. 따라서 이 법안은 삼림 보존과 생물다양성 회복, 그리고 기후변화 대응에 기여할 것으로 기대되고 있다.

유니레버는 이 같은 제도적 추세에 발맞춰 오는 2030년까지 팜오일, 종이, 차, 콩, 코코아 등 핵심 제품에 대해 삼림파괴를 전혀 하지 않는 공급망을 구축하기 위해 관련 생산 과정과 인프라를 마련하기로 했다. 또 소규모 자작농에서부터 다국적기업에 이르기까지 다양한 협력업체들과 공조를 시작했다. 특히 인도네시아의 북부 수마트라 지역에서 제조 시설을 혁신할 방침인데 이게 완료되면 공급망에 대한 접근성이 강화되고 공급망 자체가 단순화함으로써 삼림파괴를 하지 않는 제품 생산 능력이 강화될 것으로 유니레버는 기대하고 있다. 유니레버는 이 지역의 올레오케미컬 공장을 업그레이드하기 위해 2022년에 6,300만 달러를 투자한 데 이어 2023년에도 7,500만 달러를 투입했는데 앞으로 삼림파괴와 무관관 팜오일을 확보하는 데 큰 도움이 될 것으로 보인다.

다음은 토양을 복원하는 재생농업. 재생농업은 온실가스 배출을 줄이고 탄소를 저장하며 생물 다양성을 보호하는 효과가 있다. 유니레버는 '재생농업원칙Regenerative Agriculture Principles'을 만든 다음 이를 근거로 농부들이 농지를 보존하고 재생하도록 돕고 있다. 이런 노력의 결과로 2022년에는 150만 헥터의 토지와 숲 등

이 ·보존·재생된 것으로 집계됐다. 유니레버는 이 밖에 원자재 부문에서 저탄소 유제품과 식물 기반 식품에도 역점을 두고 있다. 유제품은 소가 다량의 메탄을 배출하기 때문에 문제가 되고 있다. 유니레버는 이에 대처하기 위해 축산 농가와 긴밀히 협조하고 있다. 또 육류 자체가 온실가스 배출원이 되는 만큼 아이스크림과 영양 식품에서 식물 기반 제품을 개발하는 데 주력하고 있다.

유니레버의 가치사슬에서 온실가스가 두 번째로 많이 배출되는 곳은 포장재이다. 포장재에서 온실가스 배출을 줄이는 방법은 다름 아닌 플라스틱 사용을 줄이는 것이다. 사용을 줄이는 만큼 플라스틱 생산이 감소해 온실가스 배출도 감소하게 된다. 유니레버는 이와 관련해 2025년까지 플라스틱 사용량을 2019년을 기준으로 50% 줄이겠다는 목표를 추진하고 있다. 이 목표 아래 2021년에 사용량을 8% 감축한 데 이어 2022년에 5%를 추가로 줄여 누적 감소량은 13%를 기록했다. 남은 3년 동안에 37%를 더 줄여야 목표를 달성하게 되니 매년 12% 이상을 줄여나가야 하는 과제를 안게 됐다.

이 과제를 해결하기 위해 동원되는 방식은 플라스틱 사용 자체를 줄이거나 플라스틱을 재사용 또는 재활용하는 것이다. 유니레버는 먼저 플라스틱 사용량을 줄이기 위해 대체 포장재를 도입하고 있다. 예컨대 프랑스에서는 세제 브랜드 스킵^{Skip}에서 판지를 포장재로 사용해 연간 6,000톤의 플라스틱을 절감하고 있다. 다음은 플라스틱 재활용. 현재 유니레버는 전체 포장재의 21%를 재활용 플라스틱으로 쓰고 있는데 2025년까지 이 비율을 25%로 올린다는 계획이다. 이 진도를 앞서가는 제품들도 있다. 세제 브랜드인 OMO는 재활용 비율이 이미 25%에 도달했으며 도브는 100% 플라스틱 재활용 병이 사용되고 있다. 재사용과 리필도 플라스틱 사용을 줄이기 위해 동원되는 방식이다. 이와 함께 유니레버는 2025년까지 자사가 판매한 양보다 더 많은 양의 플라스틱을 수거해 처리하겠다는 목표를 세웠다. 플라스틱으로 인한 환경 오염을 줄이면서 고품질 재활용 플라스틱의 가용성을 높이겠다는 것이 유니레버의 생각이다. 2022년에만 해도 유니레버는 글로벌 플라스틱 포장재 발자국의 58%에 해당하는 규모의 플라스틱을 수거해 처리했다. 특히 인도, 인도네시아, 베트남 등 국가에서는 플라스틱을 수거하거나 구매함으로써 유니레버가 판매한 양보다 많은 양의 플라스틱을 수거해 처리하는 실적을 올렸다.

유니레버 가치사슬에서 아이스크림 냉동고도 적지 않게 온실가스를 배출하고 있다. 이 문제에 대응하기 위해 유니레버는 저탄소, 자연 탄화수소 냉장고와 에너지 효율이 높은 냉동고로 기존 냉동고를 대체하고 있다. 또 독일에서는 에너지 소비를 줄이기 위해 아예 냉동고의 내부 온도를 영하 18도에서 영하 12도로 올렸는데 결과는 성공적이었다. 아이스크림의 품질에 전혀 문제가 생기지 않았고 30%의 에너지를 절감하는 성과를 올렸다.

다음 이슈는 다운스트림 물류 및 유통에서 온실가스 배출을 줄이는 일이다. 이 단계에서 발생하는 온실가스의 90%는 도로 수송에서 나오고 있다. 이를 줄이기 위한 방법은 두 가지가 있다. 하나는 이동 수단 이용과 이동 거리를 최대한 적합화하는 것이고 다른 하나는 연료를 화석연료가 아닌 것으로 바꾸는 것이다. 유니레버는 이 두 방식을 써서 2030년까지 물류에서 발생하는 온실가스 배출량을 40~50% 줄이기로 했다. 유니레버는 차량의 경우 오는 2030년까지 모든 차량을 전기차나 하이브리드로 바꾼다는 계획이다. 이 계획에 따라 터키와 네덜란드 등 국가에서 전기 트럭이 사용되기 시작했다. 아이스크림을 수송하기 위한 상업용 밴도 상황은 마찬가지. 브라질과 터키, 멕시코에서 전기차가 도입됐으며 미국과 중국, 태국, 칠레, 우루과이에서는 파일럿 테스트가 진행되고 있다. 유니레버는 이와 함께 차량의 연료를 화석연료에서 친환경 연료로 전환하는 작업도 병행하고 있다. 미국과 영국, 네덜란드, 이탈리아에서는 바이오 연료를 사용하기 시작했는데 화석 연료 사용 시와 비교해 이산화탄소 배출량이 70%나 줄어든 것으로 나타났다. 또 영국 포트 선라이트 공장에서는 쿠킹 오일에서 나온 식용유를 사용하기 시작했는데 연간 이산화탄소 배출 감축량이 800톤에 이를 것으로 예상되고 있다. 유니레버의 온실가스 감축 노력은 공장, 창고, 유통망 간의 거리를 최소화하는 데도 맞춰지고 있다. 유니레버는 이 이동 거리를 2025년까지 21% 줄이겠다는 목표를 수립했다. 그만큼 에너지 사용을 줄임으로써 탄소배출을 감축하겠다는 것이다. 상당히 세심한 접근방식이다. 한 가지 흥미로운 방식도 검토되고 있는데 이는 트럭에서 발생하는 탄소를 관련 장치를 활용해 포집하는 기술을 개발하겠다는 것이다. 탄소배출을 줄이는 데 얼마나 진정성을 가지고 대응하고 있는지를 보여주는 사례이다.

유니레버는 공장과 사무실, 연구소, 창고 등 자사가 통제할 수 있는 내부 시설에서 배출되는 온실가스, 즉 스코프 1과 스코프 2 감축에 적극 나서고 있다. 2025년까지 70%(2015년 기준)를 줄이는 데 이어 2030년까지는 아예 전량 없애겠다는 계획이다. 이를 위해 재생에너지와 전기 사용량을 확대하고 에너지 효율을 올리는 방법이 활용되고 있다.

지금까지는 유니레버의 환경 경영에 대해 살펴보았다. 이제부터는 ESG의 사회(S) 경영에 대해 알아보자. 먼저 최근 중요한 이슈로 떠오르고 있는 인권경영. 유니레버는 인권 존중을 자사뿐만

표10 유니레버 온실가스 배출량 현황   (단위: 이산화탄소 백만 톤, %)

온실가스 배출	2022년	2021년	2020년	2022/2021 증감률
스코프 1 및 스코프 2	0.62	0.71	0.82	-13
스코프 3	33.69	33.03	34.85	2
원자재	20.16	19.35	19.32	4
포장재	4.54	4.60	4.53	-1
다운스트림 물류 및 유통	1.00	1.02	2.78	-2
소매 아이스크림 냉동고	3.55	3.75	4.01	-5
직접 소비자 사용	0.82	0.71	0.77	15
제품 폐기	3.62	3.60	3.44	1
소계	34.31	33.74	35.67	2
스코프 3: 간접적 소비자 사용	57.54	64.87	65.76	-11
스코프 1 + 스코프 2 + 스코프 3 총계	91.85	98.61	101.43	-7

자료: Unilever Annual Report and Account 2022

아니라 가치사슬 상에 있는 협력업체에도 적용하고 있다. 유니레버는 공급망에서 인권을 포함한 사회적 리스크를 파악하기 위해 디지털 시스템을 운영하고 있다. 또 농업과 제조업 등에서 성차별이 없도록 성차별 프레임워크를 도입했다.

유니레버는 인권과 관련해 3가지의 정책을 가동 중이다. 이는 인권정책 성명Human Rights Policy Statement과 책임있는 파트너 정책RPP,

Responsible Partner Policy, 그리고 인권 옹호자 정책Human Defender Policy이다. 체계적인 틀을 갖추고 있다. 유니레버는 인권 존중을 위해 비즈니스와 인권에 관한 UN 원칙, UN 글로벌 콤팩트, 다국적기업에 대한 OECD 가이드라인 등 국제적으로 인정된 규범을 따르고 있음을 강조하고 있다. 유니레버가 운영 중인 3가지 인권정책 중 인권정책 성명은 유니레버가 사업 전반에서 인권을 존중할 것임을 천명한 원칙적인 선언을 담고 있다. 내용을 일부 소개하면 아래와 같다.

유니레버의 비즈니스 전략의 핵심에는 더 공정하고 사회적으로 더 포용적인 세상을 만들려는 비전이 있다. 우리는 이 같은 비전을 실행에 옮기겠다는 결의에 차 있다. 이는 우리가 하는 모든 것, 우리의 가치와 브랜드가 사업 전반에서 인권 존중을 실천하겠다는 단단한 다짐에 의해 뒷받침되고 있음을 의미한다.

다음으로 책임 있는 파트너 정책, RPP는 2022년 12월에 만들어진 것으로 포장과 제품 및 원자재 공급업체에서부터 유통업자, 미디어 에이전트 등에 이르기까지 모든 비즈니스 파트너에 적용되고 있다. RPP의 특징은 기준 제시에 그치지 않고 실사를 강조하고 있다는 점과 1차 적용 대상이 1차 협력업체를 넘어서 공급망 깊숙이 확대돼 있다는 점이다. RPP는 17개의 원칙을 제시하고 있는데 이중 인권과 관련된 원칙은 4번에서 14번까지 11개에 이른다. RPP 원칙의 다수가 인권에 관련된 것이다. 비즈니스 파트너와의 관계에서 인권 존중이 얼마나 중시되고 있는지를 잘 보여주고 있다. 인권 관련 11개 원칙은 아래와 같다.

책임 있는 파트너 정책: 인권 관련 항목

4. 자유롭게 합의된 고용 조건: 근로는 자유롭게 합의되고 문서화된 고용 조건에 따라 이뤄진다.

5. 차별 금지: 모든 근로자는 어떤 형태의 차별도 없는 상태에서 평등하게 그리고 존경과 존엄으로 대우받아야 한다. 차별 리스크가 있는 근로자에게는 특별한 관심을 기울여야 한다.

6. 괴롭힘 방지: 모든 근로자는 괴롭힘과 학대에서 자유로워야 한다. 어떤 근로자도 신체적, 성적, 심리적, 언어적 괴롭힘과 학대, 협박을 받아서는 안 된다.

7. 자발적 근로: 근로는 자발적으로 이뤄져야 한다.

8. 적절한 근로 연령: 모든 근로자는 적절한 연령이어야 하며 젊은 근로자는 보호받아야 한다. 15세 미만이거나 법정 근

로 연령 미만인 자는 어떤 경우에도 채용돼서는 안 된다.

9. 공정한 임금: 모든 근로자에게는 공정한 임금이 지급돼야 한다.

10. 합리적인 근로시간: 초과근무를 포함한 근로시간은 법정 시간을 초과할 수 없다. 법으로 허용이 됐어도 총 근로시간은 60시간을 초과할 수 없다. 초과근무는 자발적으로 이뤄져야 한다.

11. 결사의 자유: 모든 근로자는 자유롭게 노조에 가입하거나 노조를 결성하고 단체행동을 할 수 있어야 한다.

12. 건강과 안전: 모든 근로자는 사고와 부상, 그리고 질병을 확인하고 방지할 수 있는 안전하고 건강한 작업 환경에서 일해야 한다.

13. 고충처리절차에 대한 접근: 모든 근로자는 공정한 고충처리 절차에 접근이 가능해야 한다.

14. 토지에 대한 권리: 개인과 원주민을 포함한 지역 공동체의 부동산 권리는 존중돼야 한다. 토지 수탈에 대해서는 무관용 원칙을 적용한다.

인권 관련 원칙 중 공정한 임금에 대해 좀 더 살펴보자. 공정한 임금의 지급은 유니레버뿐만 아니라 모든 협력업체에 적용된다. 이 점이 중요하다. 협력업체도 근로자에게 공정한 임금을 지급할 것을 요구받고 있다. 공정한 임금의 개념은 무엇일까? 유니레버는 공정한 임금을 '생활임금living wage'으로 규정하고 자사 홈페이지에서 생활임금을 이렇게 정의하고 있다.

생활임금은 근로자와 그 가족이 품위 있는 표준적 생활을 하기에 충분한 보상 수준이다. 품위 있는 표준적 생활은 식품, 주거, 교육, 건강관리, 교통, 의복 그리고 예측하지 못한 일에 대비한 필수적 필요를 포함한다.

이 같은 정의를 보면 생활임금은 최저임금보다는 높은 수준인 것으로 보인다. 유니레버는 자사에 영향이 큰 협력업체와 생활임금과 최저임금의 격차가 큰 국가를 생활임금을 적용할 우선적인 대상으로 선정한다. 2022년에는 협력업체들이 생활임금을 지급하도록 유니레버가 참여한 공동계획을 수립하기도 했다. 또 전략적 중요도가 높은 협력업체들을 '생활임금 약속'에 참여하도록 유도했다. 이는 말 그대로 협력업체들이 생활임금 도입을 선언하도록 하는 것을 말한다. 압박의 수위를 높인 것이다. 2022년 말 현재 여기에 참여한 업체 수는 70개에 이른다. 하지만 유니레버가 이렇게 밀어붙이기만 하는 것은 아니다. 협력업체들이 생활임금을 도입하도록 자금지원을 하기도 하고 생산성을 제고하도록 돕기도 한다. 유니레버는 "공급망의 모든 단계에서 생활임금이 지급되면 다른 인권 이슈가 발생할 가능성이 줄어든다"고 진단하고 있다. 생활임금 지급을 인권 문제 발생을 줄이기 위한 핵심적 정책으로 보고 있는 것이다.

사회 경영 중 또 다른 이슈는 평등, 다양성, 포용성이다. 구성원이 다양할수록 기업 성과가 좋아지는 점을 감안해 많은 기업들이 중요시하는 사안이다. 유니레버 직원들은 평등, 다양성, 포용성 이슈에 대해 자사 분위기를 긍정적으로 평가하고 있다. 유니레버는 직원들을 대상으로 매년 유니보이스^{UniVoice}설문조사를 실시하고 있는데 2022년의 경우 직원 84%가 경영진이 평등, 다양성, 포용성의 지지하고 있다고 응답했다. 실제로 남녀평등 현황을 보면 고위 관리직의 여성 비율은 2021년의 27%에서 2022년에는 31%로, 관리직 여성 비율은 52%에서 54%로 각각 상승한 것으로 나타났다. 전체 직원 중 여성 비율은 36%이다. 유니레버는 관리직 여성 비율이 전체 직원 중 여성 비율보다 상당히 높은 특징을 보이고 있다.

ESG 경영을 내재화하기 위한 유니레버의 지배구조는 어떤 모습일까? 〈표11〉을 보면 2022년 기준으로 유니레버의 이사는 모두 13명이고 여성 비율은 38% 수준이다. 유니레버 지배구조에서

표11 유니레버 임직원 남녀비율 현황

구분		2022		2021	
		여성	남성	여성	남성
이사	인원	5	8	6	7
	비율(%)	38	62	46	54
임원	인원	3	10	4	9
	비율(%)	23	77	31	69
고위 관리직	인원	27	60	20	55
	비율(%)	31	69	27	73
관리직	인원	8,740	7,583	8,733	8,047
	비율(%)	54	46	52	48
전체 임직원	인원	46,014	80,974	52,925	95,087
	비율(%)	36	64	36	64

특징적인 부분은 공급망의 지속가능 경영을 위해 협력업체를 참여시킨 지배구조를 구축, 운용하고 있다는 점이다. 유니레버는 주요 협력업체들과 함께 '목적이 있는 유니레버 파트너UPwP: Unilever Partner with Purpose'를 결성했다. 사회적가치연구원은 UPwP가 유니레버의 지속가능경영 실행 수준을 높이기 위한 공급망 거버넌스 체계라고 평가한다. UPwP에 참여한 협력업체들은 유니레버가 제공하는 지속가능성 교육, 기술개발, 혁신 프로젝트, 공동투자 등에 참여할 수 있다.

유니레버는 이처럼 우수한 수준의 ESG 경영을 실천해오고 있다. 다만 앞으로 지켜봐야 할 변수가 생겼다. 그것은 경영진의 교체 이후 ESG 경영 기조에 다소의 변화가 예상된다는 것이다. 지난해 7월 1일 유니레버의 CEO 자리는 알랜 조프에서 하인 슈마허로 바통이 넘어갔다. 슈마허는 취임 후 유니레버의 기후변화 대응이 주주 가치를 창출하는 데 실패했다면서 지속가능 전략에 변화를 줄 것임을 시사했다. 그는 "유니레버는 너무 많은 장기적 약속을 했지만 이런 약속은 단기적으로 충분한 영향을 주지 못했다"며 "지금 회사에 필요한 것은 단기적 영향"이라고 강조했다. 슈마허의 이 같은 입장은 지속가능 경영이 주주에게 어떤 이익을 가져다줄 수 있는지를 보여달라는 주주들의 압력에 대한 반응이라고 볼 수 있다. 슈마허는 하지만 "전체 브랜드에 지속가능을 적용할 수는 없지만 지속가능성은 여전히 일부 제품에서 놓쳐서는 안될 중요한 변수"라고 말했다. 이렇게 보면 유니레버는 앞으로 단기적 재무 성과와 ESG 경영을 조화시키는 선택을 할 가능성이 커졌다. 하지만 이는 단기적 압박 앞에서 ESG 경영의 속도를 조절하는 것이 될 것으로 보이며 기조적으로 모범적인 ESG 경영을 해온 틀에는 큰 변화가 없을 것이라는 게 일반적인 관측이다. 유니레버의 DNA 자체가 ESG와 지속가능 경영이기 때문이다.

ESG 경영혁신 글로벌 초일류 기업에서 배워라!

유니레버 ESG 경영의 특징

- ▲기후행동에 따른 넷제로 달성 ▲플라스틱 감축 ▲자연과 농업재생 ▲공급망에서의 생활수준 향상을 목표로 하고 있다.
- 10년을 내다보는 '유니레버 지속가능 생활계획USLP'을 추진해 목표를 초과하는 성과를 거두었다.
- 탄소배출 감축과 관련해서는 2039년까지 넷제로를 달성하겠다는 목표 시한을 제시했는데 자사뿐만 아니라 가치사슬 전반을 이 목표에 포함한 점이 특징이다.
- 2030년까지 팜오일, 차, 콩 등 핵심 제품에 대해 삼림파괴에서 자유로운 공급망을 구축하기로 했다.
- 2025년까지 플라스틱 사용량을 2019년을 기준으로 50% 줄이고 자사가 판매한 양보다 많은 양의 플라스틱을 수거해 처리하기로 했다.
- 2030년까지 물류에서 발생하는 온실가스 배출량을 40~50% 줄이기로 했는데 차량의 경우 모든 차량을 전기차나 하이브리드로 바꾸기로 했다.
- 인권 존중을 자사뿐만 아니라 협력업체에도 적용하고 있다.
- 여성 비율이 고위 관리직은 31%, 관리직은 54%로 평등, 다양성, 포용성이 양호한 수준을 보이고 있다.

지속가능 음료, 코카콜라

코카콜라는 설명이 필요 없을 정도로 잘 알려진 글로벌 음료 기업이다. 130년이 넘는 역사를 가진 코카콜라는 200개가 넘는 국가에서 2백여 개 브랜드의 음료를 팔고 있다. 코카콜라는 본사가 원액과 시럽을 생산하고 이 원액과 시럽이 세계 각국에 있는 200여 개의 보틀링 파트너^{bottling partner}에게 공급돼 여기에서 완제품이 만들어지는 사업 구조를 가지고 있다.

코카콜라는 지속가능 경영에서 업계 선두권이라는 평가를 받고 있다. 코카콜라는 ESG 전략이 기업 DNA에 녹아 있다는 얘기를 듣고 있다. 모닝스타 서스테이널리틱스의 평가에 따르면 코카콜라는 식품산업의 지속가능 경영부문에서 29위에 올랐다.

이는 경쟁사인 펩시코의 39위보다 높은 수준이다. 또 2021년에는 물 관리 부문에서 식품 기업 중 1위에 오르기도 했다. 코카콜라의 CEO인 제임스 퀸시는 2022 사업 및 지속가능 보고서에서 "우리의 전략은 지구를 위해 긍정적 변화를 창출하면서 비즈니스에서 지속가능한 해법을 추진해가는 것"이라고 밝혔다.

코카콜라의 ESG 경영에 있어 중대한 이슈는 무엇일까? 상식적으로 생각해봐도 알 수 있듯이 이 기업은 제품의 특성상 물과 플라스틱이 이슈가 되는 기업이다. 코카콜라가 내외부 이해관계자를 대상으로 설문조사를 실시해 파악한 중대성 평가에서는

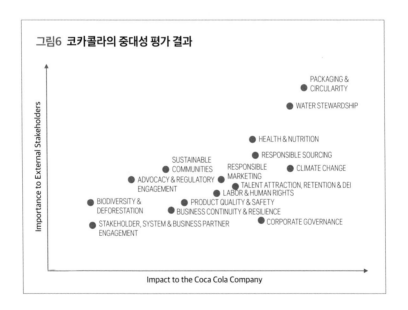

그림6 코카콜라의 중대성 평가 결과

이 같은 특징이 그대로 나타나고 있다.

　〈그림6〉은 코가콜라에 중요한 지속가능 경영 이슈를 파악하기 위해 중대성 평가를 한 결과를 보여주고 있다. 이 그림의 수평축은 코카콜라에 대한 영향이고 수직축은 외부 이해관계자에 대한 중요도를 나타내고 있다. 둘 다 클수록 중요도가 높은 이슈인 것으로 해석하면 된다. 이 방식을 써서 코카콜라의 중대 이슈를 파악한 결과 포장과 순환성, 물 관리, 건강과 영양, 기후변화, 지속가능한 원자재 획득, 인재 유치 순으로 중요도가 높은 순으로 나타났다. 역시 플라스틱 포장, 물, 건강, 기후변화 이슈가 중요 이슈의 상위권에 랭크돼 있다. CEO 제임스 퀸시는 지속가능보고서에서 이 중 물, 포장, 기후이슈에 대해 설명하고 있다. 그 내용은 아래와 같다.

물

　물은 코카콜라의 최우선 순위이다. 물이 모든 음료의 최초의 원료이며 우리가 봉사하고 있는 지역사회에 중요하기 때문이다. 200개가 넘는 국가와 지역에서 사업을 하고 있는 회사로서 코카콜라는 핵심 자원인 물을 보호할 책임이 있다. 우리의 '2030 물 방어 전략'은 물의 안전성을 높이는 데 초점을 맞추고 있다. 우리는 파트너들과 협력해 사업을 하고 원료를 획득하는 지역의 사람과 생태계에 맑은 물을 공급하고 있다. 2015년 이래 코카콜라는 자연과 지역사회에서 우리가 물을 사용한 만큼 물을 채워주는 일을 해왔고 앞으로도 계속할 것이다. 2022년에 물을 채운 비율은 사용한 물의 159%에 달했다.

포장

우리는 제품 포장과 관련해 순환경제를 추진하고 있다. 폐기물과 탄소배출을 줄이는 데 도움이 되기 때문이다. 우리는 제품 포장 시 재활용된 소재를 쓰고 있고, 리필이 가능한 병 사용을 늘리고 있으며, 재활용을 위해 포장을 수거하고 있다. 또 새로운 포장 방식을 설계해왔다. 예컨대 독일에서는 100% 식물기반 플라스틱 병에 관한 기술 허가를 받았다. 이 바이오 플라스틱병은 다른 플라스틱보다 탄소 발자국이 적다. 우리는 진전을 이루고 있지만 앞으로 더 해야 할 일이 많다는 점도 잘 알고 있다. 2022년에 우리는 시장에 판매한 병과 캔 중 61%를 수거했다.

기후

물과 포장, 그리고 기후는 서로 연결돼있다. 예컨대 자원순환을 실현함으로써 탄소 발자국을 줄일 수 있다. 또 물 관리를 잘하면 극한 기후에 대비한 지역사회의 회복탄력성을 강화할 수 있다. 기후에 대한 우리의 대응은 과학에 기반을 두고 있다. 우리는

2030년까지 온실가스 배출량을 2015년에 대비해 25% 줄이려고 하는데 이는 과학에 근거해 설정된 목표치이다.

코카콜라는 이처럼 플라스틱 사용을 줄이면서 물과 에너지의 효율성을 제고하려는 노력을 기울이고 있는데 이는 재무 성과에 긍정적인 영향을 미치고 있다. 예를 들어 플라스틱 무게를 줄이면서 사용량 자체를 줄이는 일은 환경 보호에 기여함은 물론 생산 단가를 낮춰 이익 증가를 가져온다.

그러면 지금부터 코카콜라가 중대한 ESG 경영 이슈에 대해 어떤 방식으로 접근하며 진전을 이뤄가고 있는지를 살펴보자.

먼저 물 이슈. 코카콜라는 물 문제와 관련해 '2030 물 방어 전략'을 추진하고 있다. 이 전략은 코카콜라가 사업을 하고 원료를 획득하는 지역에서 물 안정성을 제고하기 위한 실행방안을 가속화하는 데 초점을 맞추고 있다. 이를 달성하기 위해 코카콜라는 지속가능하고 깨끗한 물에 대한 접근성을 개선하고 자연과 생물 다양성을 보존하며 선진적인 물 관리 관행을 촉진하는 데 역점을 두고 있다. 코카콜라는 물 관리와 관련해 3가지의 목표를 세워놓고 있다. 첫째, 2030년까지 물 스트레스가 가장 높은 170개 시설에서 재생된 물을 사용하기로 했다. 이는 물을 재사용, 재활용하겠다는 것을 의미한다. 둘째 목표는 2030년까지 비즈니스와 농업 공급망에서 가장 중요한 60개 분수계分水界의 상태를 개선하는 것이다. 셋째는 2021년부터 2030년 사이에 전 세계적으로 2조 리터의 물을 자연과 지역사회에 돌려주겠다는 것이다. 이와 관련한 대표적인 예는 '리빙 다뉴브 파트너십'이다. 이 프로젝트는 동유럽 10개국에서 흐르고 있는 다뉴브강의 환경을 보존하고 물을 회복시킨다는 목적으로 운영됐다.

물 관리에 있어 중요한 것은 사업지역에서 물 리스크를 파악하는 것이다. 코카콜라는 700개 사업 지역에서 물 리스크 평가 및 조사를 실시해 세 개의 분류체계를 도입했다. 먼저 물 관련 리스크가 가장 큰 25%의 시설 지역인 '리더십 지역Leadership Locations'으로 2030년까지 100% 재생 물을 사용해야 하는 대상이다. 다음은 중간 단계인 '고도 효율 지역Advanced Efficiency Locations'으로 물의 효율을 높이는 게 목표인 곳이다. 마지막으로 '기여 지역Contributing Locations'은 물 리스크가 낮은 곳이다.

실제로 물 관리가 이뤄진 사례를 살펴보자. 대상은 튀르키예의 북서부 지역. 코카콜라는 이곳에서 세 지역을 물 관리 우선 대상 지역(리더십 지역)으로 선성했다. 한 곳은 보틀링 파트너인 코카콜라 아이스섹이 소유한 지역이었다. 다른 곳은 분수계 지역으로 코카콜라 시설에 물을 공급할 뿐만 아니라 원료로 쓰이는 사과, 복숭아 등 과일을 키우는 데 물을 대는 지역이었다. 또 다른 곳은 7개의 농촌 마을이었다. 이 지역들은 물이 부족할 뿐만 아니라 인근 산업지대와 농지에서의 살충제 사용으로 인한 오염 문제가 심각한 상태였다. 농촌 마을은 깨끗한 물이 부족했다. 이런 문제들을 해결하기 위해 코카콜라는 물 사용의 효율성을 개선하는 데 주력했다. 또 농부들이 물 오염을 줄이고 빗물을 모으는 시스템을 운영하도록 도왔다. 이런 방식으로 코카콜라는 물의 안정성을 높이는 데 기여하고 있다.

물 관리 사례에서 언급했지만 물 사용의 효율성을 높이는 것은 매우 중요한 과제이다. 물 사용량을 줄이는 방안이기 때문이다. 실제로 코카콜라는 신규 공장을 세울 때도 효율적인 물 관리가 이뤄지도록 최대한 노력한다. 코카콜라는 오는 2030년까지 물 사용량을 2015년에 대비해 20% 줄이는 방안을 추진하고 있다. 물 사용량 감축 노력은 물 스트레스가 높은 '리더십 지역'과 '고도 효율 지역'에 집중되고 있다. 이런 노력의 결과로 이 지역에서 음료 1리터당 사용된 물은 1.79리터로 사상 가장 좋은 성과를 기록했다. 이 비율은 업계 평균인 1.91리터보다 낮은 수준이다. 그만큼 물을 적게 쓴다는 뜻이다. 이뿐만이 아니다. 농축물을 생산하는 곳에서도 물 사용량이 줄어들고 있다. 스파클링에 들어가는 농축물을 만드는 18개 공장의 경우 2022년에 물 효율이 7%나 개선됐다. 또 아일랜드의 농축물 공장에서는 물 사용량이 일년 전보다 1만 3,000㎥나 줄어들었다. 물을 재사용한 데 따른 것이다.

코카콜라는 물 관리를 하는 데 있어 인권과 자연을 존중하는 원칙을 적용하고 있다. 먼저 인권 원칙에 근거한 물 관리. 통상 지역사회가 직면하고 있는 문제 중 하나는 물 부족, 나쁜 물의 질, 위생 문제 등이다. 심각한 사실은 이 문제가 인구 증가, 기후변화, 정치적 충돌 그리고 강제 이주에 의해 악화된다는 점이다. 코카콜라는 이 문제를 해결하기 위해 코카콜라재단, 비영리 기구, 비즈니스 파트너들과 함께 지역사회 물 프로그램을 가동하고 있다. 이 프로그램을 통해 우선적으로 지원이 필요한 지역사회를 선정해 안전하게 마실 수 있는 물에 대한 접근성과 위생 등을 개선해 주고 있다. 예컨대 남미와 카리브해 지역은 25%의 주민이 잘 관리된 물에 대한 접근성이 떨어진 곳에서 살고 있다. 기후변화와 도시화, 물 사용의 가속화, 부실한 관련 인프라가 원인이다. 이 지역에서의 물 문제를 해결하기 위해 코카콜라 라틴 아메리카는 오는 2030년까지 18개 국가의 2백만 명을 대상으로 물에 대한 접근성과 위생 여건을 개선하는 프로젝트를 진행할 계획이다.

코카콜라는 자연기반 해법을 활용해 숲 복원 등에도 나서고 있다. 대표적인 사례가 필리핀의 입포 분수계 지역. 이 분수계는 메트로 마닐라 지역에 물을 공급하고 있다. 하지만 불법 벌목 등으로 숲 비율이 85%에서 40%로 뚝 떨어졌다. 그 결과 이 지역의 자연적인 물 저장 능력이 크게 악화됐다. 문제의 심각성을 인식한 코카콜라재단은 나무를 다시 심는 등의 적극적인 대책 시행에 나섰다. 165 헥터의 훼손된 토지에 나무를 다시 심고 지역 공동체가 식용 식물을 키우기 위해 가정 정원을 조성하는 것을 도왔다. 이런 노력의 결과로 이 분수계 지역에 매년 4억 리터의 물이 보충됐으며 지역사회의 물에 대한 접근성이 개선되는 성과를 거뒀다. 또 매년 재식목된 지역에 2,500 톤의 이산화탄소가 저장되고 있는 것으로 평가되고 있다.

다음은 코카콜라의 ESG 경영 이슈 중 포장 문제에 대해 알아보자. 코카콜라 같은 음료 제조업체에는 물 문제 못지않게 중요한 이슈이다. 플라스틱병이 생산 과정에서 이산화탄소를 배출하고 다량의 쓰레기로 나와 환경을 훼손하기 때문이다. 코카콜라는 문제의식을 느끼고 2018년부터 '폐기물 없는 세계World Without Waste'라는 전략을 추진하기 시작했다. 이 전략 도입에 대한 코카콜라의 인식은 이렇다. 현재 음료 포장은 코카콜라의 탄소 발자국의 30% 정도를 차지하고 있다. 따라서 포장의 양을 줄이고,

플라스틱병을 재활용하거나 재사용하며, 바이오 원료를 쓰는 등의 대책이 필요하다. 이런 대책이 실제로 실행에 옮겨지면 쓰레기 자체를 줄일 뿐만 아니라 온실가스 배출도 줄일 수 있게 되는 것이다.

코카콜라는 이런 맥락에서 포장과 관련해 네 가지의 목표를 세워놓고 있다. 첫째, 2025년까지 전체 포장재를 100% 재활용하기로 했다. 둘째, 2030년까지 포장 시 최소한 50%의 재활용 원료를 사용하기로 했다. 셋째, 2020년부터 2050년까지 비재생원료로 만들어진 플라스틱 사용량을 3백만 톤 줄이기로 했다. 이를 위해 코카콜라는 포장을 경량화하는 등의 프로젝트를 진행하고 있다. 넷째, 2030년까지 판매 음료의 최소 25%를 리필이나 회수가 가능한 유리병이나 플라스틱병으로 만들기로 했다.

현재 코카콜라는 음료 포장 시 유리병과 페트병, 알루미늄 캔, 리필 가능 포장 등 다양한 방법을 쓰고 있다. 이 중 유리병, 페트병, 그리고 알루미늄 캔은 모두 재활용이 가능하다. 리필 가능 포장은 가장 탄소 발자국이 적다. 또 재활용된 소재가 쓰인 페트병은 생산, 재활용, 수송에 에너지가 많이 소비되는 알루미늄 캔이나 유리병보다 단소 발자국이 적다.

코카콜라는 '폐기물 없는 세계'라는 전략을 실행한다는 차원에서 플라스틱병을 경량화하는 기술을 개발, 도입하는 등 음료 제품 자체에 대한 지속가능한 혁신도 진전시키고 있다. 예컨대 한국, 일본, 중국에서는 라벨을 붙이지 않은 병이 판매되고 있다. 라벨을 붙이지 않고 레이저로 병에 글을 새기는 기술을 사용하면 병의 재활용이 개선될 뿐만 아니라 탄소 발생을 줄일 수 있는 이점이 있다. 또 독일에서는 2024년부터 식물 기반 플라스틱병이 활용될 예정인데 이 바이오 플라스틱병은 석유화학 공정에서 나온 플라스틱병보다 탄소 발자국을 줄일 수 있다. 뚜껑이 병에 그대로 매달려 있게 하는 방식도 활용되고 있다. 이 방식이 쓰이고 있는 국가는 독일, 불가리아, 그리고 이탈리아이다. 뚜껑이 병에서 분리돼 있을 경우 통상 뚜껑이 회수되지 않고 쓰레기로 버려지는 문제가 발생한다. 그러나 뚜껑이 병에 매달려 있게 되면 병과 뚜껑이 같이 회수돼 재활용되는 플라스틱 양을 더 늘릴 수 있게 된다. 이와 함께 복수의 코카콜라 병이나 캔을 한꺼번에 묶는데 재활용이 가능한 판지를 쓰는 방식도 미국에서 파일럿으로 시도되고 있다.

이어 코카콜라의 다음 ESG 이슈는 기후이다. 코카콜라는 2050년까지 넷제로를 달성하고 중간 단계로 2030년까지 온실가스 배출량을 2015년 대비 25% 줄인다는 목표를 추진하고 있다.

현재 코카콜라에서 온실가스 배출되는 통로별 현황을 보면 스코프 1과 스코프 2는 각각 7%와 5%에 그치는 데 비해 스코프 3가 88%에 달하고 있다. 공급망인 스코프 3에서 대부분의 온실가스가 배출되고 있는 것이다. 그런 만큼 온실가스 감축을 위해서는 보틀링 파트너 같은 협력업체의 참여가 필수적이다. 이를 감안해 코카콜라는 핵심 협력업체들이 매년 탄소공개 프로젝트인 CDP의 협력업체 기후변화 설문조사에 참여하도록 유도하고 있다. 이 조사를 통해 협력업체들의 온실가스 배출량과 감축 목표 등에 관한 유용한 자료를 얻을 수 있는 이점이 있기 때문이다. 2022년에 설문조사 요청을 받은 협력업체 495개 중 378개가 CDP 조사에 응해 관련 자료를 제공했다. 참여율이 높다.

코카콜라의 탄소 발자국을 활동별로 보면, 포장과 냉장이 각각 30~35%로 구성 비율이 가장 높고 다음으로 원료 및 제조 활동 각각 10~15%, 유통 5~10%이다. 코카콜라는 활동별로 탄소 발자국을 줄이기 위한 방안을 실행에 옮기고 있다. 먼저 포장의 경우 순환경제 확산에 주력하고 있다. 재활용된 원료를 쓰는가 하면, 포장을 경량화하고, 재사용이 가능한 포장을 늘리고 있다. 냉장 부문에서는 오래된 설비를 에너지 효율이 높은 것으로 교체하고 있다. 또 원료는 농업 협력업체와 협조해 에너지 효율을 높이고 탄소 격리를 추진하고 있다. 유통 부문에서는 연료 효율을 높이고 하이브리드나 전기차 사용을 늘리고 있다. 그 결과 유럽에서는 친환경 차량의 사용 비율이 2021년의 12%에서 2022년에는 20%로 크게 높아졌다. 이 밖에 제조 부문에서는 에너지 효율을 제고하고 재생에너지의 생산과 구매를 늘리고 있다. 이런 노력의 일환으로 유럽, 남미, 중동, 인도, 그리고 필리핀 등 지역의 보틀링 공장에서는 재생에너지 생산이 이뤄지고 있다.

앞에서 언급한 대로 코카콜라가 배출하는 온실가스는 대부분 스코프 3에서 나오고 있는 만큼 온실가스 배출을 감축하기 위해서는 보틀링 파트너와 협력업체의 참여가 필수적이다. 이를 보여주는 구체적인 사례를 소개해본다. 먼저 제조 공정에서 재생에너지 사용을 늘린 사례이다. 코카콜라는 2022년 3월에 재생에너지 실행 가이드북을 생산 현장에 배포했다. 또 재생에너지 프로젝트 파이프라인이라는 이니셔티브를 런칭해 보틀링 파트너들이 재생에너지 프로젝트를 확대하도록 유도했다. 그 결과 20여 개의 보틀링 파트너와 13개 농축액 공장이 2023년~2025년 재생에너지 계획을 세우고 이를 실행하고 있다. 이런 노력에 힘입어 2022년의 재생에너지 사용 비율이 22%로 1년 전보다 9% 포인트나 상승했다.

코카콜라는 또 온실가스 감축을 위해 협력업체들이 함께 대응해나가는 것을 지원하고 있다. 코카콜라는 이와 관련해 '기후 전환에 관한 협력업체 리더십Supplier Leadership on Climate Transition' 이니셔티브에 가입했는데 이를 통해 협력업체의 탈탄소화를 가속화하기 위해 관련 자원과 지식을 제공하고 있다. 코카콜라는 현재 56개 협력업체를 직접 돕고 있으며 이 프로그램이 성공적으로 진행되고 있다는 평가를 받고 있다. 56개 업체 중 10개 업체가 성공적으로 프로그램을 완수하고 과학적 기반에 근거한 온실가스 감축 계획을 수립했다. 협력업체인 베트로팩의 니콜라스 루텐스 그룹 지속가능 매니저는 "코카콜라 덕분에 협력업체 리더십 이니셔티브에 가입했는데 이 프로그램에 힘입어 스코프 1과 스코프 2의 배출량 측정을 개선하고 처음으로 스코프 3 배출량을 계산해냈다"고 말했다.

이와 함께 냉장고의 온실가스 배출을 줄이는 것도 중요한 과제이다. 온실가스 배출의 3분의 1이 음료 냉장 시설에서 나오기 때문이다. 이에 따라 코카콜라는 가치사슬에서 쓰이는 냉장고에 대한 내부 지침을 발간해 배포했다. 이 지침은 오는 2030년까지 냉장고의 에너지 효율을 올리고 오래되고 효율이 낮은 냉장고를 교체하는 것 등을 골자로 하고 있다. 코카콜라는 또 '지능적으로 연결된' 냉상고를 설치하고 있다. 이 냉장고는 제품 처리량, 온도, 에너지 사용 등 데이터를 전송함으로써 운영 효율을 높임은 물론 온실가스 감축에도 기여하고 있다.

코카콜라는 이 같은 기후 관련 이슈에 대응하기 위한 기후변화 지배구조를 갖추고 있다. 이사회 내의 기업 지배구조 지속가능 위원회가 기후 관련 이슈를 감독하고 있다. 이 위원회는 탄소 배출 감축 목표의 진전 상황 등을 포함해 ESG 경영 전반을 감독하는 데 있어 이사회를 지원하는 역할을 하고 있으며 정기적으로 이사회에 보고하고 있다. 이와 별도로 코카콜라는 기후 리스크를 전사 리스크 관리에 통합해서 물과 공급망 등에 대한 기후의 영향을 정기적으로 평가하고 있다. 또 기후변화 리스크를 포함해 비즈니스와 재무, 그리고 영업에 중대한 영향을 미치는 리스크를 연례 보고서에 공시하고 있다.

코카콜라가 음료업체인만큼 지속가능한 농업도 ESG 경영의 중요한 이슈이다. 농업에서 생산되는 다양한 원료가 필요하기 때문이다. 코카콜라에는 12개의 핵심 원료가 있는데 이는 설탕, 옥수수, 과일, 커피, 차, 콩 등이다. 코카콜라는 이들 농산품을 지속가능하게 조달하는 것을 목표로 삼고 있다. 다시 말해 원료로 사용되는 농산품 생산 자체가 환경을 보호하고 인권을 존중하는 등 ESG의 가치를 존중하는 방식으로 이뤄져야 한다는 것이다.

코카콜라는 원료를 공급하는 협력업체들이 지속가능한 영농을 하도록 '지속가능 영농원칙PSA'을 마련해 적용하고 있다. PSA는 크게 인권 및 작업장 내 권리, 환경과 생태계, 농장 관리 시스템 3가지로 구성돼있다. 인권 및 작업장 내 권리에는 결사의 자유, 아동노동과 강제 노동 금지, 차별 금지, 건강 및 안전 등이, 그리고 환경 및 생태계에는 물 관리, 에너지 관리 및 온실가스 감축, 기후변화 회복력, 숲 보존, 토양 관리, 동물 건강 및 복지, 수송 관리 등이 포함돼있다. 또 농장 관리 시스템은 식품 안전 및 위생, 수확 관리, 기록 유지 및 투명성 등에 관한 내용이다. 여기에서 알 수 있듯이 코카콜라는 원료를 공급하는 협력업체에 다양한 요구 사항을 제시하고 있다. 특히 물과 에너지 사용을 효율적으로 하고 온실가스 감축 목표를 설정할 것을 요구하고 있다.

표12 코카콜라 '지속가능 영농원칙(PSA)'의 주요 내용

항목	원칙
인권 및 작업장 내 권리	결사 및 단체협상의 자유, 아동 노동과 강제노동 그리고 노동의 남용 금지, 차별 제거, 노동시간 법규 준수, 건강 및 안전, 지역사회 및 전통적 권리(토지와 자연자원에 대한 원주민과 지역사회의 권리 인정 및 보호)
환경과 생태계	물 사용 효율 제고 등 물 관리, 에너지 관리 및 온실가스 배출 감축, 기후변화 회복력, 숲 보존, 서식지와 생물다양성 그리고 생태계의 보존, 토양 관리, 농약 관리, 동물 건강 및 복지, 농산물 영양 및 먹이 관리, 거름 관리, 수송 관리
농장 관리 시스템	식품 안전 및 위생, 수확 및 수확 후 처리(폐기물 등을 최소화하기 위한 포장, 저장, 수송), 경영시스템 기록 유지 및 투명성

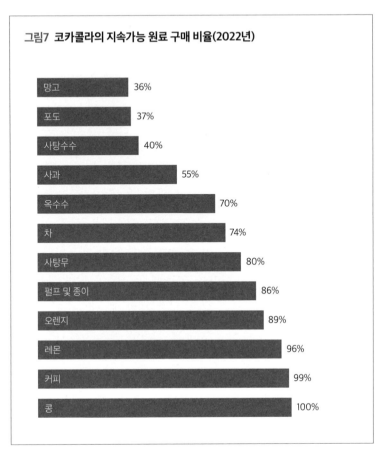

그림7 **코카콜라의 지속가능 원료 구매 비율(2022년)**

원료	비율
망고	36%
포도	37%
사탕수수	40%
사과	55%
옥수수	70%
차	74%
사탕무	80%
펄프 및 종이	86%
오렌지	89%
레몬	96%
커피	99%
콩	100%

자료: Coca-Cola, 2022 Business & Sustainability Report

PSA의 주요 내용은 〈표12〉와 같다. 코카콜라는 2022년 물량 기준으로 전체 원료 중 64%를 지속가능하게 구매(PSA 제3자 인증)한 것으로 나타났다. 그만큼 협력업체 관리에 있어 PSA가 강력하게 작동하고 있는 것이다.

ESG 경영혁신 글로벌 초일류 기업에서 배워라!

지금까지는 코카콜라의 환경 경영에 대해 자세히 알아보았다. 다음은 사회 경영에 대해 살펴보자. 중요한 이슈는 역시 다른 기업에서도 중시되고 있는 인권과 다양성 및 포용성이다. 먼저 인권. 코카콜라는 비즈니스와 인권에 관한 유엔 원칙을 지키겠다고 선언한 최초의 기업 중 하나이다. 중요한 점은 이런 인권 원칙을 코카콜라 본사뿐만 아니라 가치사슬에도 적용하고 있다는 것이다. 실제로 코카콜라는 핵심 인권 이슈를 파악하기 위해 글로벌 가치사슬을 대상으로 리스크 평가를 하고 있다. 코카콜라는 근로자와 소비자 등에 관련한 핵심 인권 이슈로 10가지를 선정했는데 이는 다음과 같다.

1. 안전하고 건강한 작업장
2. 다양성과 포용성
3. 결사의 자유
4. 노예 노동과 강제 노동 금지
5. 아동 노동 금지
6. 근로시간, 임금 및 복지
7. 토지권
8. 물 및 환경 관리
9. 프라이버시
10. 소비자 복지

코카콜라의 인권경영에 있어 특징적인 점은 가치사슬 전반에 대해 자체적인 인권 실사를 실시해 인권 리스크를 파악하고 문제점을 개선하는 데 나서고 있다는 점이다. 인권 실사 방법으로는 제삼자를 통한 감사 방식이 활용되고 있다. 실사에 나선 감사반은 사업장 현장에 나가 작업 관행과 인권 원칙 준수 여부 등을 감사하는데 이 과정에서 서류 검토와 경영진 면담은 물론 정규직과 계약직 근로자와의 비밀 면담이 이뤄진다. 이때 감사반은 생산라인, 성, 인종별로 다양한 근로자를 선별해 만나볼 수 있다. 실사 결과 본사든 협력업체든 보틀링 파트너든 인권 원칙을 지키지 못한 것을 밝혀지면 일정 기한 안에 이를 시정하는 방안을 실행에 옮기도록 조치가 취해진다. 심각한 원칙 위반이 드러나면 지역팀이나 글로벌 수준의 기구가 이 문제에 개입한다. 특히 협력업체 가이드라인을 준수하는 게 불가능한 것으로 판정된 업체와는 거래 계약 종료 등 제재조치가 가해질 수 있다. 또 신규로 코카콜라와 거래를 희망하는 후보 업체는 가이드라인을 준수할 수 있는 체계를 갖추고 있음을 보여줘야 한다. 이 같은 내용의 인권 실사는 12개 핵심 농산물 원료를 구매하는 협력업체들에도 그대로 적용되는데 이때는 앞에서 소개한 지속가능 영농원칙, PSA가 활용된다.

코카콜라는 협력업체들의 채용 과정에서도 인권이 침해되지 않도록 유념하고 있다. 이를 위해서 디지털 플랫폼이 사용되고 있다. 이 플랫폼이 운용되는 방식은 이렇다. 코카콜라 협력업체에 취업을 희망하는 구직자는 이 디지털 플랫폼을 통해 면접을 보게 된다. 스마트폰을 통해서도 면접이 가능하다 보니 거주 국가의 문해력文解力이 떨어지는 해외 이주근로자들도 면접에 참여할 수 있게 된다. 채용과정의 투명성이 제고돼 비윤리적인 채용 관행을 근절할 수 있게 되는 것이다.

사회 경영의 또 다른 이슈는 다양성과 포용성이다. 성, 인종 등과 관계없이 모든 직원에게 동등한 기회를 제공하는 것을 의미한다. 코카콜라는 3가지의 목표를 제시하고 있다. 첫째, 시장을 그대로 반영하는 인력을 창출한다는 것이다. 코카콜라가 속해있는 시장의 다양성과 포용성을 그대로 반영하겠다는 의미이다. 둘째, 직원이 성장하는 포용적 문화를 강조하고 있다. 셋째, 사업과 공동체, 그리고 시장에서 평등을 진전시키겠다는 내용이다. 코카콜라는 급여의 평등성도 중시하고 있다. 매년 성, 인종, 종족 등을 기준으로 급여가 평등하게 지급되고 있는지에 대해 감사를 실시하고 있다. 코카콜라의 다양성, 평등, 포용성 담당 임원인 타메카 해퍼는 "다양성과 평등, 그리고 포용성은 코카콜라의 DNA"라고 강조하며 "그 가치가 인재 채용에서부터 공급망, 전략과 사업에까지 그대로 녹아들어 있다"고 말한다.

다양성과 포용성에 대한 코카콜라의 의지가 돋보이는 점은 이사회 내의 인재 및 보상 위원회가 다양성과 포용성 실적을 경영진 급여에 연계하고 있다는 점이다. 구체적으로 말하면 다양성과 포용성에 관한 정성적, 정량적 목표치를 경영진에 제시하고 이를 달성하느냐의 여부를 연간 인센티브 지급 시 반영하고 있다. 코카콜라가 얼마만큼 다양성과 포용성을 중시하고 있는지를 잘 보여주는 사례이다.

코카콜라의 다양성과 포용성의 현주소는 어떤 상태일까? 2022년 기준으로 글로벌 임직원 중 여성 비율은 44.0% 수준이다. 직급별로 보면 중간 관리자 비율이 51.3%, 고위직 비율이 39.0%이다. 코카콜라는 전체 여성 비율을 2030년까지 50%로 올리는 방안을 추진하고 있다. 임직원을 인종별로 보면 백인이 48.1%로 절반에 못 미치고 비非 백인 비율이 51.9%를 차지하고 있다. 이 중 흑인 비율이 22.0%로 제일 높고 다음으로 히스패닉 14.6%, 아시안 8.1% 등의 순이다. 그러나 고위직과 중간 관리직을 보면 백인 비율이 61.4%와 57.1%에 달해 이 직급에서 다양성과 포용성을 개선하는 게 코카콜라에 주어진 과제임을 알 수 있다.

기업의 ESG 경영이 제대로 실현되기 위해서는 제대로 된 지배구조를 갖추는 것이 매우 중요하다. 아무리 환경이나 사회 경

표13 코카콜라의 임직원 비율 현황(2022년)

성별	고위직	중간 관리직	전문가	임직원 전체
여성	39.0%	51.3%	36.0%	44.0%
남성	61.0%	48.7%	64.0%	56.0%

인종별	고위직	중간 관리직	전문가	임직원 전체
인디안/ 알라스카 원주민	0.0%	0.3%	0.4%	0.3%
아시안	10.0%	10.4%	5.4%	8.1%
흑인/아프리칸 아메리칸	8.6%	16.1%	30.3%	22.0%
히스패닉	9.9%	8.7%	21.2%	14.6%
하와이 원주민/ 태평양 섬 출신	0.1%	0.1%	0.5%	0.3%
미확인	9.1%	5.2%	2.4%	4.3%
두 개 이상 인종	0.9%	2.2%	3.0%	2.5%
백인	61.4%	57.1%	36.7%	48.1%

영이 중요하다고 해도 이에 대해 진정성을 가지고 올바른 의사 결정을 하고 이를 잘 추진해나갈 수 있는 지배구조가 없으면 ESG 경영이 성과를 거둘 수 없기 때문이다. 이런 점에서 코카콜라의 지배구조는 ESG 경영의 실현을 위한 다층적이고 체계적인 모습을 갖추고 있다고 할 수 있다. 이사회 내에 기업 지배구조 및 지속가능 위원회를 두고 경영진에도 지속가능 담당 임원이 따로

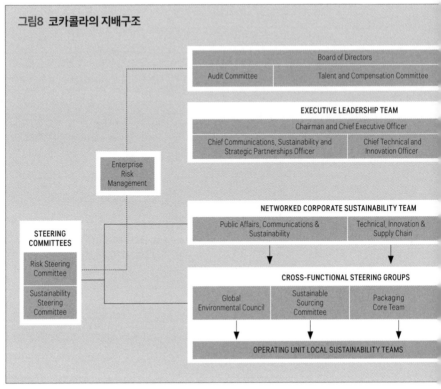

그림8 코카콜라의 지배구조

자료: Coca-Cola, 2022 Business & Sustainability Report

있다. 그리고 그 밑에 지속가능팀을 설치했는데 여기에는 커뮤니케이션 및 지속가능, 공급망, 인권, 조달을 맡는 네 개 부서가 있다. 또 지속가능팀 아래에는 '조정 그룹'이 있다. 이 그룹은 글로벌 환경위원회, 지속가능 구매위원회, 포장 핵심팀, 물 핵심팀, 기후 핵심팀, 글로벌 건강 및 안전위원회 등 6개 조직으로 구성돼있다. 이같이 촘촘하게 짜인 코카콜라의 ESG 경영 지배구조는 200

ESG 경영혁신 글로벌 초일류 기업에서 배워라!

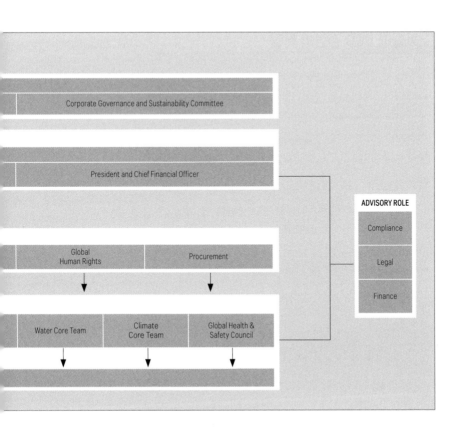

개가 넘는 나라에서 약 200개 이르는 보틀링 파트너와 함께 비즈
니스를 하는 코카콜라의 복잡한 사업구조를 세밀하게 조정해야
할 필요성을 반영한 것이라고 할 수 있다.

코카콜라 ESG 경영의 특징

- 내외부 이해관계자의 의견을 반영해 중대 이슈를 파악, 선정하고 있다.
- 음료업체인만큼 물과 플라스틱 문제를 중시하고 있다.
- 2030년까지 물 사용량은 2015년에 대비해 20% 줄이기로 했으며 물 스트레스가 가장 높은 시설에서 재생된 물을 사용하기로 했다.
- 플라스틱 문제와 관련해서는 '폐기물 없는 세계' 전략을 추진하면서 2025년까지 포장 100%를 재활용하기로 했다.
- 2050년까지 넷제로를 달성하고 중간 단계로 2030년까지 온실가스 배출량을 2015년 대비 25% 줄이기로 했다. 코카콜라는 온실가스 감축에 협력업체도 적극 참여시키고 있다.
- 12개 핵심 원료를 제공하는 협력업체들이 지속가능한 영농을 하도록 인권, 물 관리, 온실가스 감축 등을 규정한 '지속가능 영농원칙'을 지키도록 하고 있다.
- 인권과 다양성 및 포용성 원칙을 본사뿐만 아니라 가치사슬에도 적용하고 있다. 특히 가치사슬 전반에 대해 인권 실사를 실시하고 있다.
- 다양성과 포용성 목표치를 설정하고 이 목표치 달성 여부를 경영진의 연간 인센티브 결정 시 반영하고 있다.

- 2030년까지 전체 임직원 중 여성 비율을 50%(2022년 44.0%)로 올리기로 했다.

다정한 기업,
베스트 바이

베스트 바이는 전자제품과 컴퓨터 관련 제품을 종합적으로 판매하는 미국의 대형 유통업체이다. 10만 명이 넘는 직원이 일하고 있다. 이 기업은 최근 조직심리학자인 엘라 F. 워싱턴이 펴낸 '다정한 조직이 살아남는다'라는 책에서 사회(S) 경영의 대표적 지표 중 하나인 다양성·형평성·포용성DEI을 잘 실천한 기업으로 소개됐다. 베스트 바이는 리더십을 통해 인간애를 불어넣은 기업으로 묘사됐다.

2020년 5월의 일이다. 미국 미네소타주 미니애폴리스 파우더호른에서 아프리카계 미국인인 조지 페리 플로이드가 경찰에 의해 무리한 방법으로 체포되던 중 질식사하는 사건이 일어났

ESG 경영혁신 글로벌 초일류 기업에서 배워라!

다. 경찰의 과잉진압과 인권차별에 대한 항의가 확산됐다. 베스트 바이 본사는 플로이드가 사망한 지점에서 불과 7마일(약 11km)이 떨어진 곳에 있었다. 이 충격적인 사건에 대한 베스트 바이의 반응은 이 기업이 인권을 얼마나 중시하는지를 잘 보여줬다. 당시 베스트 바이는 임원 회의를 열고 플로이드 사망 사건에 대한 CEO(코리 배리) 명의의 성명을 발표한다. 이 성명에서 코리 배리는 "미국에서 유색 인종으로서의 삶이 안전하지 못하다는 서글픈 진실은 어쩌면 좋을까요?"라며 개탄한다. 그는 이어 "상황을 있는 그대로 바라보고 그들의 경험을 그대로 인정하며 충분히 행동하지 못했음을 사과하는 것에서 시작해야 한다고 생각한다"며 '베스트 바이가 할 수 있는 일은 무엇일까?'라는 질문을 잊지 않겠다고 다짐한다.

이런 철학을 가진 기업이기에 베스트 바이는 성별, 인종별 다양성에서 많은 진전을 이룬 기업으로 꼽힌다. 먼저 성별 다양성을 위한 노력. 2017년에 베스트 바이는 평등서약Parity Pledge에 서명하고 이사진과 최고 경영진을 포함해 부사장 이상의 고위직 채용 면접에 자격을 갖춘 여성 후보자를 최소한 한 명 이상 포함하겠다고 공개적으로 약속했다. 이런 노력의 결과로 베스트 바이는 2019년 3월 기준으로 포천 100대 기업 가운데 이사회의 성별 다양성을 실현한 두 개 회사 중 하나로 꼽혔다. 한 달 뒤인 2019년

4월에는 코리 배리가 베스트 바이 최초의 여성 CEO로 선임됐다. 이로써 여성 이사 수가 7명이 돼 13명으로 구성된 이사회의 과반을 차지하게 됐다.

베스트 바이는 인종 다양성을 실천하는 데도 많은 노력을 기울였다. 경찰의 과잉진압으로 인한 플로이드 사망 사건이 발생한 지 한 달 후인 2020년 6월에 베스트 바이는 다양한 배경을 가진 19명의 직원으로 구성된 '인종평등을 위한 태스크포스Task Force for Racial Equality'를 런칭하며 인종 간 불평등을 해소할 실질적 해법을 마련하라는 임무를 부여했다. 사건 직후 내놓은 CEO 성명에서 '베스트 바이가 할 수 있는 일은 무엇일까'라는 질문을 잊지 않겠다고 했는데 이를 바로 실행에 옮긴 것이다. 이 태스크포스는 6개월 동안 활동한 후 '인종평등 리더십 몰입 프로그램RELI'으로 확대개편 됐다. 어찌 됐건 태스크포스가 구성된 같은 해인 2020년 12월에 베스트 바이는 유색인과 여성 직원 채용 등에 중점을 둔 5개년 계획을 발표했다. 이 계획에서 이 기업은 2025년까지 상근직 자리 세 개 중 하나를 유색인으로 채우고 신규 상근직 현장 업무 세 개 중 하나를 여성으로 채우겠다는 목표를 제시했다. 베스트 바이는 이와 함께 유색인 학생의 대입 준비 지원과 취업 기회 확대에 4,400만 달러를 내놓기로 했다. 베스트 바이는 유색인을 BIPOC로 표현하고 있는데 이는 흑인, 원주민, 그리고 유색인종을 뜻한다.

DEI를 중시하는 기업답게 베스트 바이는 ESG 보고서에서 DEI에 대해 가장 많은 지면을 배정해 소개하고 있다. 베스트 바이는 2025년까지 달성할 DEI 관련 목표를 제시하고 있다. 먼저 방금 언급한 5개년 계획에 포함된 대로 상근직 자리 세 개 중 하나를 유색인으로 채우고 신규 상근직 현장 업무 세 개 중 하나를 여성으로 채우기로 했다. 또 고위직을 다양하게 구성하고 포용성을 강화해 고용유지가 성별과 인종별로 골고루 이뤄지도록 하기로 했다. 이와 함께 청년들에 대한 기술 교육을 위해 최소한 100개의 베스트 바이 청년테크센터를 개설함으로써 매년 취약계층의 청년 3만 명을 돕기로 했다. 특히 인턴십에서도 다양성을 중시하고 있는데 2023 회계연도의 경우 200명의 인턴 중 절반이 유색인종에 배정되기도 했다.

그렇다면 베스트 바이의 다양성은 현재 어떤 상태일까? 앞에서 얘기한 대로 베스트 바이는 여성 CEO인 코리 배리가 이끌고 있다. 포천 100대 기업 중 여성 CEO가 선임된 기업은 12개에 불과한 데 베스트 바이가 이 중 하나이다. 또 전체 직원 중 여성 비율은 26% 수준을 유지하고 있다. 흥미로운 점은 통상 여성 비율이 직원은 높고 직위가 높을수록 낮아지는 추세를 보이는데 베스트 바이는 반대로 매니저급 이상 여성 비율이 34%, 부사장 이상 여성 비율이 31%로 여성 직원 비율보다 높다. 인종을 기준으로 보면 신규 채용 시 유색인종의 비율이 2022년 회계연도에 39%로 일 년 전보다 6% 포인트나 상승했다. 이 중 아시안계가 14%로 제일 높고 다음으로 히스패닉 13%, 흑인 8% 등의 순이다. 전체 직원의 인종별 비율(2022 회계연도)을 보면 히스패닉이 24%로 가장 높고 다음으로 흑인 14%, 아시안계 5%의 순이다. 전체 직원 중 아시안계 비율이 낮은 만큼 신규 채용 시 아시안계의 비율을 올려 뽑고 있는 모습이 보인다.

표14 베스트 바이 신규 채용 인종별 비율 현황

	유색인종	흑인	아시안	히스패닉
2021 회계연도	33%	8%	11%	11%
2022 회계연도	39%	8%	14%	13%

표15 베스트 바이 전체 직원 중 인종별 비율과 여성 비율 현황

	흑인	히스패닉	아시안	여성
2018 회계연도	14%	21%	5%	26%
2022 회계연도	14%	24%	5%	26%
매니저급 이상	4%	7%	12%	34%
부사장 이상	4%	4%	5%	31%

이렇듯 다양성·형평성·포용성을 강화하는 데 있어 빼놓을 수 없는 요인은 급여 평등성이다. 다양한 구성원들이 같이 일을 하고 있지만 급여의 형평성에 문제가 있다면 DEI는 실현될 수 없다. 이 때문에 베스트 바이는 성, 인종, 민족 등과 무관하게 평등한 급여를 지급하는 데 역점을 두고 있다. 그 결과 급여 중앙값median 기준으로 남성 대비 여성의 급여는 100.3%로 거의 비슷한 수준이다. 또 백인 대비 유색인종의 급여는 94.2%로 백인에 비해 다소 낮지만 격차는 그리 크지 않다. 베스트 바이는 '동일 업무에 동일 급여 지급'이라는 원칙 아래 업무 책임과 근속기간 등을 고려해 통계적으로 산출한 '조정 급여 격차Adjusted Pay Gaps'를 공표하고 있는데 이에 따르면 남성 대비 여성 급여 수준은 99.6%, 그리고 백인 대비 유색인의 급여 수준은 99.8%로 나타났다. 성별, 그리고 인종별로 급여가 차이가 거의 없음을 보여주고 있다.

베스트 바이의 DEI 활동 중 또 한 가지 눈에 띄는 점은 포용적인 문화를 조성하기 위해 다양한 형태의 멘토링 및 대화 프로그램을 운영하고 있다는 점이다. 예를 들어 '여성 근로자 참여 그룹 멘터 서클'이란 모임이 있는데 여기에서는 여성들이 서로 아이디어와 경험을 나누며 하나의 공동체를 형성해가고 있다. 또 '젊은 선문인 개발 그룹 멘토십 프로그램'에서는 참여 근로자들이 회사 외부에서 온 멘토와 대화를 나누며 자기 계발과 네트워킹

등을 하고 있다.

이와 함께 베스트 바이의 포용성 노력은 다양한 인종을 대상으로 촘촘하게 진행되고 있다. 2021년 8월에는 세계 원주민의 날을 맞아 '원주민 근로자 리소스 그룹'을 런칭했다. 이 그룹에서 베스트 바이의 원주민 근로자들은 서로 생각을 나누고 필요한 교육을 받으며 문화적 동질성을 확인해가는 등의 활동을 하고 있다. 같은 해 12월에 만들어진 유대인 네트워크도 같은 역할을 하고 있다. 이렇게 보면 베스트 바이는 서로 다른 인종의 근로자들이 서로 동질성을 확인하는 등의 개별성을 유지하면서도 회사 전체의 문화에 녹아들 수 있게 통합성을 강화하는 노력을 하고 있는 것이다. 이와 관련해 '솔직한 대화Candid Conversations'라고 불리는 또 한 가지 프로그램을 소개한다. 흥미로운 시도이어서다. 이 프로그램은 말 그대로 작업장 안에서 나누기 힘든 까다로운 문화적 이슈들에 대해 동료들끼리 마음을 열고 솔직하게 대화를 나누는 사내 포럼이다. 이 자리에서 논의된 주제를 보면 민감한 이슈들이 적지 않다. 예컨대 코로나 사태 속에서 미국 내에서 아시안계 미국인을 대상으로 벌어진 폭력행위, 외국에서 태어난 직원들이 가진 이민 절차 등에 대한 우려, 그리고 인디안 원주민 이슈 등이 토론 주제이다. 베스트 바이는 이같이 솔직한 대화를 통해 직원들이 서로에 대한 공감대를 넓힐 수 있다고 자평하고 있다. 이 대화 프로그램은 녹화된 영상이 온라인으로 제공되고 있어 현장에 참석하지 못한 직원들도 나중에 볼 수 있게 배려가 이뤄지고 있다.

다양성 노력은 협력업체 선정에서도 이뤄지고 있다. 대규모 유통업체인 만큼 다양한 협력업체들과 거래하는 게 보다 양질의 제품을 공급받을 수 있는 길이라고 베스트 바이가 믿고 있기 때문이다. 이와 관련해서 베스트 바이는 한 가지 목표를 설정해놓고 있다. 그것은 2025년까지 유색인과 다양한 거래기업을 대상으로 최소한 12억 달러를 지출하겠다는 것이다. 이와 별도로 베스트 바이는 흑인, 라틴계 그리고 원주민이 세운 스타트업에 집중적으로 투자하는 브라운 벤처 그룹에 1천만 달러를 투자하기로 했다. 또 온라인 상품 조달 플랫폼인 랭미와 파트너십을 맺었는데 이를 통해 다양한 배경을 가진 20만 개 이상의 협력업체들과 거래가 가능해졌다. 여기에서 특징적인 점은 베스트 바이의 1차 협력업체가 되기 위해서는 해당 업체의 개인 주주 중 51% 이상이 흑인, 라틴계, 아시안, 원주민, 여성, 장애인 등이어야 한다는 점이다. 베스트 바이가 협력업체 선정에 있어서도 다양성을 얼마나 중시하고 있는지를 보여주는 대목이다. ESG 경영의 모범기업은 뭔가 달라도 많이 다르다고 할 수 있다.

베스트 바이의 사회 경영 중 다음으로 살펴볼 주제는 인권이다. 인권은 요즘 워낙 중시되는 이슈인 만큼 웬만한 기업은 사내 관련 규정이나 지침을 두고 있다. ESG 모범 기업인 베스트 바이는 더 말할 나위가 없다. 베스트 바이는 '인권 기업 성명Human Rights Corporate Statement'을 제정해놓고 있는데 이를 통해 인권 존중을 다짐하고 있다, 인권에 대한 부정적 영향을 회피하고 부정적 영향이 발생하면 이를 되돌리고 인권 관리를 지속적으로 개선하겠다는 내용이 이 성명에 담겨 있다. 특히 유통업체의 특성을 반영해 인권 기업 성명을 근로자는 물론 사업 파트너, 협력업체, 소비자, 그리고 지역사회에도 적용하고 있다. 중요한 점은 공급망에서의 인권 존중을 자사 근로자에 앞세우고 있다는 것이다. 관련 내용을 소개하면 아래와 같다.

- 공급망 근로자의 인권을 존중한다. 글로벌 전자제품 공급망에서 원자재 조달, 채용 절차, 근로조건 그리고 환경적 성과를 개선하기 위해 '책임 있는 비즈니스 연합RBA'을 사업 파트너들이 준수하도록 한다.
- 베스트 바이 근로자의 인권을 존중한다. 괴롭힘과 차별이 없는, 다양하고 포용적이고 존중받는 사업장을 만들기 위해 노력한다.
- 프라이버시를 포함한 소비자의 권리를 존중한다.

ESG 경영혁신 글로벌 초일류 기업에서 배워라!

- 사업을 하고 있는 지역사회에서 교육을 받을 수 있는 권리를 진전시키기 위해 노력한다. 기술 지식을 공유함으로써 강력한 공동체를 구축한다.
- 소비 전자제품의 재활용 가치사슬에서 근로자의 인권을 존중한다.

베스트 바이는 인권 정책의 실천을 위해 강한 거버넌스 체제도 운영하고 있다. 먼저 인권 리스크를 확인하기 위해 실사를 한다. 자발적으로 자체 인권 실사를 하는 것은 ESG 모범기업들이 공통적으로 실천하는 특징이다. 베스트 바이는 인권 정책 수립과 실천을 위해 '인권 경영위원회Human Rights Executive Committee'를 가동하고 있는데 이 위원회에는 건강, 홍보, 기업책임, 다양성과 포용성, 공시, 대정부 관계, 법무, 상품 등 부서장들이 참여하고 있다. 또 이사회도 정기적으로 인권 현황에 대해 검토를 하고 있다. 베스트 바이는 특히 인권 문제에 대한 고충처리절차를 자사 직원뿐만 아니라 소비자, 지역사회 주민, 그리고 파트너와 협력업체의 근로자도 이용할 수 있도록 개방하고 있다. 인권 존중이 이해관계자 모두에게 적용되는 것임을 분명히 밝히고 있다.

대부분의 대형 유통업체가 그렇듯 베스트 바이도 프라이빗 라벨의 자체 상품을 제조해 판매하고 있다. 베스트 바이 이센셜스, 로켓피시, 인식니아 등이 대표적 브랜드이다. 그렇다 보니 이들 상품을 공급하는 187개의 파트너를 두고 있다. 베스트 바이는 이들 파트너와의 관계에서 '책임 있는 상품 조달' 원칙을 적용하고 있다. 이를 위해 다른 기업의 경우처럼 협력업체 행동규범을 마련해 이를 파트너들이 지키도록 하고 있다. 베스트 바이의 협력업체 행동규범은 베스트 바이가 가입해 있는 RBA의 행동규범을 준용해 만들어졌는데 노동, 건강 및 안전, 환경, 윤리, 경영 시스템에 관한 내용을 포함하고 있다. 주요 내용은 다음과 같다.

베스트 바이 협력업체 행동규범

〈노동〉

- 강요된, 구속된, 노예 노동 등은 허용되지 않는다.
- 15세 미만의 아동노동을 금지한다.
- 초과 근무를 포함해 주당 60시간 이상 근로하게 해서는 안 된다.
- 근로자에 대한 보상은 최저 임금 지급 등 모든 관련 법규를 준수해야 한다.
- 괴롭힘과 불법적인 차별이 없어야 한다.
- 노조를 결성하고 가입할 근로자의 권리가 존중돼야 한다.

〈건강 및 안전〉

- 건강 및 안전 위험에 노출된 근로자들을 확인, 평가해야 한다. 또 위험 제거를 포함한 완화조치가 취해져야 한다.
- 근무 중 상해 및 질병을 방지, 관리, 추적 및 보고하기 위한 절차와 시스템이 마련돼야 한다.
- 육체적으로 힘든 일에 노출된 근로자가 확인, 평가, 통제돼야 한다.
- 생산 및 다른 기계장치는 안전 위험과 관련해 평가를 받아야 한다.
- 근로자에게는 깨끗한 화장실, 휴대용 물, 위생적인 음식 그리고 식사 시설 등이 제공돼야 한다.

〈환경〉

- 오염물질의 발생과 배출, 폐기물의 발생은 최소화하거나 제거돼야 한다.
- 화학물질과 폐기물, 그리고 사람과 환경에 해로운 영향을 미치는 물질은 확인, 관리돼야 한다.
- 휘발성 유기화학물과 에어로졸 등의 배출은 정기적으로 모니터되고 통제, 처리돼야 한다.
- 물 관리 프로그램을 실행해야 한다. 이 프로그램을 통해 물 자원과 사용 등을 서류화, 모니터하고 물을 보존하며 물 오

염을 가져오는 통로들을 통제해야 한다.

• 기업 전반의 온실가스 감축 목표를 세워야 한다. 에너지 소비와 스코프 1, 스코프 2 배출량은 추적, 서류화되고 감축 목표에 대비해 공시돼야 한다. 또 에너지 효율을 개선하고 에너지 소비와 온실가스 감축을 최소화할 방법이 마련돼야 한다.

〈윤리〉

• 모든 형태의 뇌물, 부패, 횡령 등에 대해서는 무관용 원칙을 적용한다.

• 뇌물이나 부적절한 이익을 얻기 위한 수단은 약속, 제안, 허용, 제공, 수용되지 않아야 한다.

• 공정한 비즈니스, 광고, 그리고 경쟁의 기준이 유지돼야 한다.

• 제품 생산에 쓰이는 탄탈럼, 주석, 텅스텐, 그리고 금의 조달원과 공급망에 대해 실사가 실시돼야 한다. 이는 해당 광물이 OECD의 '분쟁지역과 고위험 지역으로부터의 책임 있는 광물 공급망'을 준수해 공급되고 있는지를 확인하기 위한 것이다.

ESG 경영혁신 글로벌 초일류 기업에서 배워라!

위에서 살펴본 베스트 바이의 협력업체 행동규범 중 주목할 부분은 에너지 소비와 온실가스 배출 감축 항목이다. 이 항목에서 베스트 바이는 협력업체들이 온실가스 감축 목표를 설정하고 스코프 1과 스코프 2 배출을 공시할 것을 요구하고 있다. 또 에너지 효율을 개선하고 에너지 소비와 온실가스 배출을 최소화하도록 압박하고 있다. 온실가스 배출 감축과 공시를 협력업체들에도 요구하고 있는 ESG 경영 모범기업의 특징을 그대로 공유하고 있다. 베스트 바이가 이 같은 행동 준칙을 실행한 결과 189개 협력업체 중 86개가 온실가스 감축 목표를 설정했으며 38개 업체는 스코프 1과 스코프 2 배출량을 측정하고 제3의 기관의 인증을 받은 상태이다. 또 103개 업체는 자체 공장에서 에너지 소비를 최소화하려는 방안을 실행하고 있다.

자연스럽게 베스트 바이의 환경 경영에 대해 얘기를 시작했다. 베스트 바이는 유통업체인 만큼 환경 경영의 정책에도 산업의 특징이 그대로 반영돼 있다. 회사 자체의 환경에 대한 영향을 줄이는 것과 동시에 소비자들이 지속가능하게 소비할 수 있는 제품을 제공하는 데 초점을 맞추고 있다.

먼저 베스트 바이의 탄소 감축 목표. 다른 ESG 경영 모범기업처럼 베스트 바이도 상당히 전향적인 입장을 취하고 있다. 탄소중립을 달성하는 목표 시기는 2040년이다. 일반적으로 많은 국가들이 정한 탄소중립 시기인 2050년보다 10년이나 빠르다. 베스트 바이는 이를 달성하기 위한 중단 단계로 2030년까지 탄소 배출량을 2009년 대비 75% 줄이기로 했다. 특히 기업들이 관리에 어려움을 겪고 있는 스코프 3 탄소 배출량을 2030년까지 20% 축소하기로 했다. 스코프 3 감축량까지 목표치를 설정한 것은 베스트 바이가 탄소 감축에 얼마나 진정성을 가지고 임하고 있는지를 잘 보여주고 있다. 그런데 베스트 바이의 이 같은 목표치는 지구의 기온 상승폭을 산업화 이전 대비 1.5℃ 이하로 억제하기로 한 파리기후협약에 맞춰 설정됐다.

베스트 바이 같은 유통업체에 있어 포장은 환경 경영의 중요한 이슈 중 하나이다. 베스트 바이는 지속가능한 포장 정책을 실행에 옮기고 있다. 플라스틱 사용을 최대한 줄이고 재활용을 하는 게 핵심이다. 예컨대 베스트 바이는 프라이빗 라벨인 인식니아 상품을 포장할 때는 지속가능하게 조달된 종이를 사용하고 있다. 또 유통센터에서는 재활용이 가능한 우편물 발송용 봉투를 쓰고 있다. 이 봉투를 쓰게 되면 공기베개나 방열 테이프를 거의 안 써도 되고 박스보다는 공간을 덜 차지해 더 많은 물건을 배송하는 게 가능해진다. 폐기물 발생도 줄이면서 배송 효율을 높여 그만큼 에너지 소비를 줄일 수 있게 되는 것이다.

베스트 바이는 폐기물 줄이는 데도 주력하고 있다. 예를 들어 2022년에는 캘리포니아 지노시에 있는 협력업체의 시설이 처음으로 제로 폐기물 TRUE 인증을 받았다. 이 인증은 폐기물 자체를 줄이고 폐기물을 재사용 또는 재활용한 데 대해 이뤄진 것이다. 폐기물을 줄이는 데는 직원과 협력업체의 참여가 중요하다. 직원은 현장에서 폐기물을 최소화하고 재활용을 최대화하는 데 실제적인 역할을 할 수 있다. 베스트 바이는 이를 감안해 직원들에게 폐기물 최소화 등에 대한 온라인 교육과정을 운영하고 있다. 베스트 바이는 협력업체들과도 공조하고 있다. 기기 판매업체들이 제품을 배송할 때 접착제 대신 뗄 수 있는 테이프나 재활용이 가능한 포장을 쓰도록 독려하고 있다.

베스트 바이는 소비자와 관련해서는 친환경 제품을 공급하는 데 역점을 두고 한 가지 목표를 설정해놓고 있다. 그것은 2030년까지 에너지 절약 제품인 '에너지 스타ENERGY STAR' 인증을 받은 제품의 판매를 통해 해당 제품의 소비에서 탄소 배출량을 20% 줄이겠다는 것이다. 이는 소비자가 모두 50억 달러의 에너지 사용 비용을 절감할 수 있다는 것을 의미한다. 이 같은 목표는 스코프 3 배출을 감축하겠다는 목표를 실현하기 위한 방안의 하나로 추진되고 있다. 상당히 세밀하고 진지한 목표 추구라고 할 수 있다. 베스트 바이 집계에 따르면 2021년에 미국 소비자들은 에너지 스타 제품을 1,900만 회 이상 구매했다. 이로써 소비자들은 7억 9,600만 달러 이상의 에너지 비용을 절감했다. 또 이산화탄소 배출량도 445만톤이나 줄어들었다. 베스트 바이는 이와 함께 에너지 기업들과 파트너십을 맺고 온도조절 장치 등을 구매한 고객이 에너지 사용을 줄이면 리베이트를 제공하는 프로그램도 운영하고 있다. 흥미로운 아이디어이다.

유통업체가 환경을 보호할 수 있는 또 다른 방법은 이미 소비자에게 판매된 제품의 수명을 연장하는 일이다. 베스트 바이는 이 일에도 적극적으로 나서고 있다. 먼저 제품 수리. 대부분의 베스트 바이 매장에서는 컴퓨터, 스마트폰, 디지털카메라 등 제품의 수리가 가능하다. 때로는 기술직원이 고객 집을 방문해 TV 등 전자기기를 고치기도 한다. 유통업체에서 직접 제품 수리에 나선다는 게 인상적이다. 2022 회계연도의 경우 수리된 기기는 170만 개가 넘는 것으로 나타났다. 다음으로 중고제품의 거래를 들 수 있다. 베스트 바이에서는 스마트폰, 랩톱, 태블릿 PC, 스마트워치, 비디오 게임 콘솔 등 제품의 중고거래가 이뤄진다. 2022 회계연도에만 65만 개가 넘는 기기가 중고거래됐다.

이와 함께 2022년에는 새로운 서비스가 도입되기도 했다. 고객이 오래된 전자기기를 없애려고 하면 베스트 바이 직원들이 고

ESG 경영혁신 글로벌 초일류 기업에서 배워라!

객 집으로 직접 찾아서 해당 제품을 가져온 다음 재활용하는 서비스이다. 이 서비스는 처음에는 세인트 루이스에서 파일럿으로 실시됐으나 나중에 전국으로 확대 시행됐다. 또 전자제품 등을 회수해 재활용하는 프로그램도 운영되고 있다.

마지막으로 베스트 바이의 ESG 지배구조에 대해 알아보자. 특징적인 점은 ESG 정책을 관장할 별도 기구를 두기보다는 기존 이사회 조직이 ESG 업무를 맡아 하고 있다는 점이다. 먼저 커뮤니케이션 담당 임원이 전체 ESG 업무를 관장하며 CEO에게 직접 보고하고 있다. 이사회 내 기구별로 역할을 보면 기업 지배구조 및 공공정책 위원회는 베스트 바이의 지배구조와 ESG 전략, 그리고 ESG 평판 리스크를 감독하고 있다. 이를 위해 분기별로 경영진과 ESG 등에 대해 의견을 나눈다. 또 감사위원회는 윤리 경영과 환경 및 안전 감사를 포함해 ESG 리스크를 감독하는 데 중요한 역할을 하고 있다. 감사위원회가 통상의 감사 범위를 넘어 ESG 리스크까지 들여다보고 있는 것이다. 다음은 보상위원회. 이 위원회는 인적 자본 관리와 다양성·형평성·포용성 관련 리스크를 감독하며 ESG 성과를 어떻게 경영진 보상 프로그램에 통합할 지를 지속적으로 평가하고 있다. 이 밖에 재무투자정책위원회는 태양광 에너시 투자 등 ESG 관련 재무적 투자의 리스크에 초점을 맞추고 있다.

윤리 경영과 관련해서는 윤리규범Code of Ethics이 제정돼있다. 다른 기업과 다른 점은 윤리규범이 직원이 지켜야 할 일반적 윤리적 사항뿐만 아니라 소비자, 협력업체, 주주, 지역사회 등 이해관계자와의 관계에서 준수해야 할 사항을 포괄적으로 규정해놓고 있다는 점이다. 특히 소비자 안전, 개인정보 보호, 포용성·다양성·형평성, 인권 존중, 환경 보호 등 ESG 관련 내용들이 윤리규범

표16 베스트 바이 윤리규범

이해관계자	내용
소비자	·책임 있는 광고와 판매 ·소비자 안전과 제품의 질 ·개인정보 보호
직원	·포용성·다양성·형평성 ·상호 존중 ·인권 존중 ·안전하고 건강한 작업장
협력업체	·협력업체와 성실한 관계 ·상호 이익의 파트너십 강화 ·공정한 경쟁 ·이해 상충 회피 ·뇌물과 부패 방지
주주	·자산 보호 ·재무적 통합성 보장 ·내부자 거래 금지 ·책임 있는 소통 ·비밀 사업 정보 보호
지역사회	·환경 보호 ·정치활동에 대한 책임 있는 참여 ·긍정적 영향

ESG 경영혁신 글로벌 초일류 기업에서 배워라!

안에 많이 포함돼 있다. ESG 경영 여기저기에서 창의적인 접근이 돋보이고 있다. 베스트 바이 윤리규범의 주요 내용은 〈표16〉과 같다.

베스트 바이 ESG 경영의 특징

- 성별, 인종별 다양성과 포용성을 진정성을 가지고 추진해 대표적인 '다정한 기업'으로 꼽히고 있다. 현재 전체 직원 중 유색인종은 39%, 여성은 26%를 차지하고 있다. 또 성, 인종 등과 관계없이 급여도 평등한 체계를 유지하고 있다. 다양성의 원칙은 협력업체에도 적용되고 있다.
- 인권 존중의 원칙은 자사뿐만 아니라 협력업체, 소비자, 그리고 지역사회에도 확대 적용되는 특징을 보이고 있다.
- 2040년까지 탄소중립을 달성하고 중간 단계로 2030년까지 탄소 배출량을 2009년 대비 75% 줄이기로 했다. 특히 스코프 3 배출량을 2030년까지 20% 축소하기로 했는데 스코프 3 감축 목표를 제시한 게 인상적이다.
- 협력업체들이 온실가스 감축 목표를 설정하고 스코프 1과 스코프 2 배출을 공시하도록 하고 있다.
- 소비자들이 탄소배출을 줄이면서 에너지 사용 비율을 줄일 수

있도록 친환경 제품을 공급하는 데 주력하고 있다. 베스트 바이는 에너지 절약제품의 경우 2030년까지 '에너지 스타' 인증을 받은 제품의 판매를 통해 해당 제품 소비에서 탄소배출량을 20% 줄이기로 했다.

- 소비자, 직원, 협력업체, 주주, 지역사회 등 이해관계자와의 관계에서 준수해야 할 사항을 포괄적으로 담아놓은 윤리규범을 제정해놓고 있다. 이 윤리규범에는 다양성·포용성·형평성, 인권 존중, 환경 보호 등 ESG의 주요 내용이 포함돼 있다.

사업 및 투자의 ESG 내재화, 소프트뱅크 그룹

—

손정의 회장이 이끄는 일본의 소프트뱅크 그룹은 일본 최대의 IT 기업이자 세계적인 투자기업이다. 일본 3대 이동통신사 중 하나인 소프트뱅크, 인터넷서비스 기업인 Z홀딩스, 칩 설계기업인 Arm 등이 핵심 계열사이다. 이와 함께 기업투자 펀드인 소프트뱅크 비전펀드와 라틴 아메리카 펀드를 운용하고 있다.

소프트뱅크 그룹은 EGS 경영에 있어서도 선두권 기업으로 평가를 받고 있다. 손정의 회장은 2022년 지속가능 보고서에서 "기후변화 우려, 경제·인종·성 불평등의 확대와 다른 도전들이 점점 글로벌화하면서 기업뿐만 아니리 인류의 지속성을 위협하고 있다"년서 "소프트뱅크 그룹은 혁신을 가속화하는 정보 혁명을 계속 선도함으로써 이 같은 도전을 헤쳐나가고 인류와 지구의 지속가능성을 지원해나가겠다"는 의지를 천명했다. 그는 이어 "소프트뱅크 그룹은 사람이 지구와 조화롭게 살고 지속가능한 사회를 실현할 수 있는 세계를 만들기 위해 정보 혁명 리더로서의 책임을 완수하겠다"고 강조했다.

소프트뱅크 그룹은 이동통신과 투자, 이 두 가지가 주요 비즈니스인 만큼 ESG 경영도 두 가지의 사업을 중심으로 이뤄지고 있다. 소프트뱅크 그룹은 ESG 이슈 중 어떤 사안을 중대한 이슈로 선정했을까? 중대성 평가 결과를 보면 이를 알 수 있다. 〈그림 9〉는 이를 보여주고 있다. 수평축은 소프트뱅크 그룹에 중요한 정도를, 그리고 수직축은 이해관계자에 중요한 정도를 나타낸다. 이 두 가지를 모두 충족하는, 그러니까 소프트뱅크 그룹에도 중요하고 이해관계자에게도 중요한 8가지 이슈가 전략적 중대 이슈로 선정됐다. 이는 기후변화, 인적자본 관리, 기업 지배구조, 반부패, 혁신 관리, 시장 기회, 지속가능 금융, 개인정보 및 데이터 보안이다. 소프트뱅크 그룹의 사업의 성격을 반영해 혁신 관리, 지속가능 금융, 개인정보 및 데이터 보안이 중대 이슈에 포함된 게 눈에 뜨이는 대목이다.

소프트뱅크 그룹이 앞서 소개한 다른 ESG 경영 모범기업들

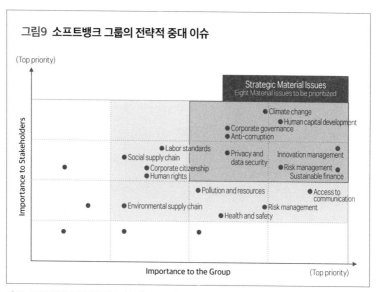

그림9 **소프트뱅크 그룹의 전략적 중대 이슈**

자료: 소프트뱅크 그룹 2022년 지속가능 보고서

과 다른 점은 기업에 투자하는 대규모 펀드를 운용하고 있다는 점이다. 지난 2000년에 중국의 알리바바에 투자한 게 대표적 예이다. 소프트뱅크 그룹은 이 같은 투자에 있어서도 ESG 경영원칙을 그대로 적용하고 있다. 투자대상 기업의 ESG 경영을 평가하는 체계적인 절차를 운영하고 있으며 이들 기업이 비즈니스 전략에 ESG를 통합하도록 유도하고 있다. 이와 관련해, 소프트뱅크 그룹은 '포트폴리오 기업 지배구조와 투자 가이드라인 정책'을 마련해놓고 있다. 이 정책에 따라 투자대상 기업을 선정하고 투자 개시 이후 성과를 모니터링할 때 ESG 요소들이 평가된다.

이 정책은 소프트뱅크와 그 자회사들에도 적용되고 있다. 소프트뱅크 자회사들은 잠재적 피투자기업에 대해 실사를 할 때 ESG 항목들은 평가하고 있다. 특히 소프트뱅크 투자자문이 포트폴리오 기업의 경영에 관여하는 역할을 한다. 이 투자자문은 투자 대상 기업들과 지속가능 관련 회의를 개최하는 데 이 회의는 기후변화, 탈탄소 등 지속가능 이슈와 관련된 피투자기업들의 비즈니스 리스크와 기회를 평가하는 데 유용한 정보를 제공한다. 고토 요시미쓰 부회장은 "많은 포트폴리오 기업들이 이미 기후변화, 자원 재활용, 다양성과 포용성, 불평등과 차별 등 이슈에 대응하고 있다"면서 "ESG 경영이 미흡한 기업은 중장기적으로 성장이 제한돼 투자 성과에 부정적 영향을 미친다"고 말했다.

여기에서 한 가지 질문. ESG의 세 가지 항목인 환경, 사회, 지배구조 중 무엇이 제일 중요할까? 세 가지 모두 중요하다는 점에서 우문愚問처럼 들릴 수 있다. 한국 기업들의 경우를 보면 세 가지 중 환경을 가장 중요한 것으로 보고 있다. 반면에 평가기관들은 지배구조를 제일 중시하고 있다. 평가기관이 더 객관적인 견해를 가지고 있을 것이라는 점을 감안하면, 지배구조가 제일 중요하다고 보는 게 타당해 보인다. 필자도 같은 생각이다. 올바르고 합리적인 의사결정을 하는 지배구조를 갖추고 있어야 ESG 경영 자체가 제대로 이뤄질 수 있기 때문이다. 이 같은 생각에서 인

ESG 경영혁신 글로벌 초일류 기업에서 배워라!

지 소프트뱅크 그룹은 지속가능 보고서에서 지배구조를 가장 먼저 앞세우고 있다. 소프트뱅크 그룹의 지속가능 지배구조를 살펴보면 이사회에서 선임된 지속가능 담당 임원이 있고 지속가능운영위원회가 구성돼있다. 3명으로 구성된 지속가능운영위원회는 중대한 ESG 이슈를 논의하고 이해관계자들의 요구를 검토해 이사회에 보고하고 있다.

소프트뱅크는 지배구조의 윤리 경영과 관련해서 윤리규범을 제정해놓고 있다. 인상적인 점은 성誠, 신信, 수守, 존尊, 정正 다섯 가지의 한자어를 핵심 원칙으로 삼고 있다는 것이다. 이 중 성誠은 성실과 존중을 뜻한다. 이어 신信은 고객 중심, 수守는 투명성, 존尊은 다양성, 포용성과 환경, 그리고 정正은 공정한 비즈니스를 의미한다. 이 각각의 원칙에서 세부 항목들이 있는데 이를 소개하면 다음과 같다.

성誠

- 이해 상충을 관리한다.
- 기업 자산을 남용하지 않는다.
- 여행과 그 경비에 대한 책임을 진다.
- 내부 정보를 오용하지 않는나.
- 정치활동은 개인적으로 참여한다.

신信

- 고객에게 최선인 것이 회사의 성공에도 최선의 것이다.
- 사납지만 공정한 경쟁을 한다.
- 개인정보를 존중하고 촉진한다.

수守

- 완전하고, 공정하고, 정확한 보고서를 준비하고 제공한다.
- 외부 관계자와 책임 있게 소통한다.
- 소셜 미디어를 이용할 때 존중하는 태도를 취한다.
- 투자와 관련된 규제 요구사항을 이해한다.
- 조사와 감사에 전적으로 협조한다.
- 정보 시스템을 보호한다.
- 소프트뱅크 그룹 자산을 보호한다.
- 소프트뱅크 그룹의 지적 재산권을 보호하고 방어한다.
- 소유권이 있는 정보를 보호한다.
- 브랜드를 소중히 여긴다.

존尊

- 모든 개인을 존중하고 소중하게 여긴다.
- 다양성과 포용성을 소중하게 여긴다.
- 인권을 지지한다.

- 지속가능한 방식으로 행동한다.

정正

- 의심이 갈만한 자금지출을 하지도 않고 받지도 않는다.
- 선물과 환대는 적절한 경우에만 주고받는다.
- 경제적 제재 요구를 따른다.
- 자금 세탁을 회피하기 위해 주의한다.
- 조직범죄 그룹과 관련되는 것을 거부한다.

소프트뱅크 그룹은 다양한 사업을 하고 있기 때문에 역시 다양한 협력업체들이 존재한다. 이와 관련해 다른 기업들과 유사하게 협력업체 행동규범을 마련해놓고 있는데 소프트뱅크 그룹은 이를 다른 기업처럼 '사회'의 항목이 아니라 지배구조의 항목으로 보고 설명하고 있다. 협력업체가 중요한 이해관계자인 만큼 이들과의 관계는 지배구조에 해당하는 것으로 간주하는 듯하다. 소프트뱅크 그룹이 제정한 협력업체 행동규범은 내용은 크게 환경, 노동, 건강 및 안전, 공정한 비즈니스, 네 가지로 다른 기업과 크게 다르지 않다. 특징적인 점이 한 가지 있는데 다른 기업과 달리 행동규범의 환경 부문에 생물다양성을 포함시켜 놓고 있다는 점이다. 해당 항목의 내용은 '협력업체들은 생물다양성 영향에 대한 관심을 가지고 비즈니스 활동을 해야 한다'이다. 자연을 보호·보존하는 생물다양성이 지역에 존재하는 협력업체들과 긴밀한 관계를 맺고 있는 이슈라는 점을 정확히 인식하고 있음을, 또 소프트뱅크 그룹이 생물다양성 보전 문제를 그만큼 중시하고 있음을 잘 보여주고 있다.

다음 주제는 소프트뱅크 그룹의 사회 경영이다. 사회 경영 이슈 중 역시 가장 중요한 것은 인권이다. 소프트뱅크 그룹은 인권 정책을 제정해놓고 있는데 여기에는 인권 존중, 법규 준수, 차별 금지, 괴롭힘 금지, 강제노동과 아동노동 금지, 건강한 작업 환경 유지, 기본적 노동권 존중, 임금과 복지, 인권 리스크 관리 등 내용이 들어있다. 다른 기업들이 운영하고 있는 인권 규범과 비슷한 내용이다. 하지만 특징적인 점이 몇 가지 있다. 먼저 인권 존중 대상에 직원, 고객, 비즈니스 파트너 등 모든 이해관계자가 포함돼 있다. 직원에만 제한하지 않고 대상 범위를 넓혔다. 둘째 강제노동과 아동노동 금지 조치가 가치사슬에도 적용되는 것임 분명히 하고 있다. 셋째로 임금과 관련해서는 생활임금 이상의 급여를 제공하기 위해 노력하겠다는 점을 밝혀두고 있다. 소프트뱅크 그룹은 이 같은 내용의 인권 정책을 자사는 물론 피투자기업과 비즈니스 파트너들에도 그대로 적용하고 있다. 협력업체의 경우 근로자의 인권을 존중하고 안전하고 위생적인 작업 환경을 제공하도록 요구하고 있다.

ESG 경영혁신 글로벌 초일류 기업에서 배워라!

소프트뱅크 그룹은 비즈니스와 인권에 관한 UN원칙에 맞춰 모든 이해관계자들의 인권이 존중되고 있는지 실사하고 있다. 특히 2020년과 2021년에는 연속으로 직원, 자회사, 관계회사, 합작투자 기업, 협력업체 등을 대상으로 자체 인권 평가를 실시했다. 평가 결과 인권침해 사례는 나오지 않았지만, 잠재적인 인권 리스크가 있는 것으로 간주된 자회사와 협력업체를 대상으로 문제 해결을 위한 조치들이 취해졌다. 소프트뱅크 그룹은 앞으로도 인권 상황을 계속 모니터링해 필요할 경우 필요한 조치들을 취해나간다는 방침이다. 한편으론 2022년에 인권 실사의 일환으로 직원으로 대상으로 설문조사가 실시됐는데 이 조사에서는 초과근무, 괴롭힘, 성별과 다른 기준에 근거한 차별, 인공지능과 관련된 인권 리스크 등이 이슈로 제기됐다.

사회 경영의 다음 이슈는 '약방의 감초'처럼 나오는 다양성과 포용성이다. 먼저 채용과 승진 등에서 차별 없이 능력 위주의 인사가 이뤄지고 있다고 소프트뱅크 그룹은 밝히고 있다. 구체적 통계를 보면, 전체 근로자 중 여성 비율은 44%이고 매니저는 22%(시니어 매니저 18%, 주니어 매니저 28%), 그리고 이사는 11% 수준이다. 이동통신 자회사인 소프트뱅크의 경우는 관리직의 여성 비율을 2021 회계연도의 7.1%에서 2030 회계연도에는 15%로, 그리고 2035년에는 20%로 계속 늘려나가겠다는 계획을 공표해놓고 있

표17 소프트뱅크 그룹 남녀 고용 현황(회계연도 기준)

단위: 명, 년

		2018년	2019년	2020년	2021년	2022년
직원	남	14,200	19,350	20,549	37,172	41,480
	녀	5,792	8,218	8,663	17,598	20,893
신규 채용	남	799	1,673	1,626	2,224	2,102
	녀	300	573	570	736	717
근속 기간	남	6.8	6.8	5.8	8.9	8.8
	녀	6.1	6.3	5.5	7.8	7.7
연령별	20대 이하	3,602	5,369	5,257	12,184	12,638
	3, 40대	13,908	18,888	20,210	36,601	41,501
	50대 이상	2,426	3,104	3,513	6,486	8,300

표18 소프트뱅크 그룹 직원 및 관리직 국적 현황(회계연도 기준)

		2020년	2021년	2022년
직원	1위	일본 96.6%	일본 77.4%	일본 77.3%
	2위	중국 1.5%	영국 5.3%	한국 4.8%
	3위	한국 0.9%	인도 3.7%	영국 3.2%
	4위	기타 아시아 0.6%	미국 2.9%	인도 2.7%
관리직	1위	일본 98.7%	일본 75.9%	일본 77.1%
	2위	중국 0.4%	영국 6.3%	영국 5.1%
	3위	한국 0.2%	미국 3.6%	한국 3.7%
	4위	기타 아시아 0.2%	인도 3.0%	인도 2.8%

ESG 경영혁신 글로벌 초일류 기업에서 배워라!

다. 이 같은 계획을 실천하기 위해 소프트뱅크는 임원과 외부 전문가로 구성된 여성승진위원회를 운영하고 있다.

소프트뱅크 그룹의 사회 경영에서 주목할만한 점은 IT 기업으로서의 위상을 반영해 인공지능AI 윤리를 마련하고 있다는 점이다. AI는 주지하다시피 인류사회에 또 다른 차원의 혁신을 가져다줄 것으로 기대되는 반면에 인권에 대한 부정적 영향 등 부작용에 대한 우려도 적지 않는 게 사실이다. 그런 만큼 소프트뱅크 그룹은 AI가 인간의 복지를 향상하는 데 쓰이도록 그룹 차원의 AI 윤리를 제정하는 방안을 추진하고 있다.

이와 별도로 계열사들은 이미 AI 윤리를 마련해 시행하고 있다. 먼저 이동통신사인 소프트뱅크는 '소프트뱅크 AI 윤리 정책'을 만들어 인공지능이 안전하게 사용돼야 한다는 점을 분명히 하고 있다. 이 정책은 크게 6가지로 구성돼 있는데 주요 내용은 아래에 정리돼 있다.

이뿐만이 아니다. 인터넷서비스 기업인 Z홀딩스도 자체 AI윤리 정책을 운영하고 있다. 이 정책은 ▲ 보다 나은 미래의 실현과 인류에 대한 기여 ▲ 평화롭고 지속가능한 사회의 실현 ▲ 지배구조 통제 ▲ 공정과 불편부당성의 추구 ▲ 투명성과 책임감의

소프트뱅크 AI 윤리 정책

〈인간 중심 원칙〉

AI는 사람을 행복하게 하기 위해 존재하며 AI를 이용해 사회적 문제를 해결하기를 원하는 사람들의 의사결정을 돕는 목적으로만 사용돼야 한다. AI 사용을 통해 사람을 더 행복하게 만드는 AI를 만드는 것을 추구한다.

〈공정성 존중〉

사람이 공정한 가치를 갖지 않는 한 공정한 AI는 실현될 수 없다. 우리는 인종, 국적, 연령, 종교, 성별 등과 관계없이 모든 사람을 존중한다. 우리는 동일한 원칙에 근거해 AI를 개발, 설계, 제공, 사용하고 여성, 인종 및 성 소수자 등 사회적 소수자의 존재를 고려할 것이다. 이와 함께 기술을 통해 포용적 사회를 실현하는 것을 목표로 한다.

〈투명성 및 책임감 추구〉

AI와 함께 공존하고 발전하기 위해서는, 사람들이 AI에 근거한 판단의 결과를 이해하고 필요할 경우 그러한 판단의 근거를 확인할 수 있는 환경을 만드는 것이 중요하다. 우리는 AI가

ESG 경영혁신 글로벌 초일류 기업에서 배워라!

판단한 것의 결과를 어떻게 사용할 수 있는지를 설명하는 데 있어서 투명성을 제고하기 위해 노력할 것이다. 우리는 AI의 신뢰성을 확인하고, 또 AI 판단의 근거에 대한 높은 수준의 책임감을 가지고 AI를 개발하고 사용하는 것을 목표로 한다.

〈안전 확보〉

인간의 행복에 기여하는 AI는 높은 수준의 안전이 보장될 때만 실현될 수 있다고 믿는다. 개인의 생명, 자유, 존엄, 또는 재산권을 위협하지 않는 AI를 설계하고 개발하기 위해 노력할 것이다. 또 모든 사람이 AI를 안전하게 사용할 수 있는 세상을 만들 것이다.

〈개인 정보 보호〉

데이터는 AI의 설계, 개발, 그리고 사용에 필수 불가결한 요소이다. AI를 교육할 대량의 정확한 데이터가 없다면 AI의 발전과 사회에 대한 기여는 실현될 수 없다. 이게 내부 규칙과 관련 법규 그리고 사회적 윤리에 맞춰 개인정보 등 다양한 데이터를 관리하고 운영하려는 이유이다. 이렇게 되면 허가받지 않는 데이터 접근을 방지하고 개인정보를 보호함으로써 사용자들이 안신하고 AI를 사용할 수 있게 될 것이다.

> **⟨AI 인적자원 개발과 이용⟩**
>
> 우리는 첨단 기술의 개발에 주력해왔다. 기술은 매우 빠르게 발전하는 반면에 기술의 사용자들은 천천히 앞으로 나아가며 책임 있게 기술을 조정할 수 있어야 한다. 모든 사람이 AI의 유익을 최대한 누릴 수 있는 사회를 실현하기 위해서는 AI 개발자와 사용자의 기능과 이용 능력을 향상시킬 수 있는 교육 및 훈련에 활발하게 참여해야 한다.

추구 ▲ 안전과 보안 확보 ▲ 개인 정보 보호 ▲ AI 인적자본 개발을 주요 내용으로 하고 있다.

다음으로 소프트뱅크 그룹의 환경 경영에 대해 알아보자. 흥미로운 점은 많은 기업이 지속가능경영 보고서를 작성할 때 통상 환경을 가장 앞에 배치하는 데 소프트뱅크 그룹은 지배구조를 맨 먼저 설명하고 다음으로 사회, 그리고 맨 마지막에 환경을 배치하고 있다는 점이다. 제조업체가 아닌 만큼 ESG 경영 세 가지 요소의 상대적 중요성이 다른 기업과 다르다고 판단하는 것으로 보인다.

소프트뱅크 그룹은 환경 경영과 관련해 '환경 정책'을 제정해 두고 있다. 이 정책은 환경 보존과 관련한 모든 법규를 준수하고 기후변화의 영향과 리스크, 그리고 기회를 인식하면서 기후변화를 완화하고 이에 적응한다는 내용을 담고 있다. 또 환경에 대한 영향을 줄이고 자원을 보존하기 위해 온실가스 배출 감축, 적극적인 재생에너지 도입, 에너지 및 자원 사용 축소, 폐기물 감축과 재활용 촉진, 물 사용 감축 등 다양한 대책을 추진한다는 내용도 포함돼 있다. 소프트뱅크 그룹은 자체 협력업체 행동규범과 마찬가지로 환경 정책에서도 생물다양성 보존 관련 조항을 두고 있다. 이 조항은 생물다양성 보존의 중요성을 강조하고 환경과 생물다양성에 대한 부정적 영향을 방지하고 줄이기 위해 노력하겠다는 의지를 천명하고 있다. 그만큼 생물다양성 보존을 중시하는 소프트뱅크 그룹의 시각이 담겨 있다고 할 수 있다. 이 밖에 소프트뱅크 그룹은 환경 이슈와 관련해 비즈니스 파트너와 협력업체를 포함한 내외부 이해관계자와 활발하게 소통해나갈 것이라고 강조하고 있다. 환경 보존을 관련된 이해관계자와 함께 추진해나갈 공통 이슈로 바라보고 있는 것이다.

소프트뱅크 그룹은 탄소 감축에도 '진심'이다. 그룹 전체로는 2030년까지 탄소중립을 달성하기로 했다. 하지만 이동통신사인 소프트뱅크는 이 일정을 훨씬 앞당겨서 2021년에 이를 이미 달성했다. 다른 계열사의 탄소중립 달성 시한을 보면 Z홀딩스와 Arm

모두 그룹의 시한과 같은 2030년으로 잡아놓고 있다. 통상 많은 국가의 탄소중립 달성 시한이 2050년이라는 점을 감안하면 소프트뱅크 그룹은 이를 20년이나 앞당겨 실현하겠다는 전향적인 방안을 추진하고 있는 것이다. 이 같은 목표를 달성하기 위해 소프트뱅크 그룹은 다양한 방법을 동원하고 있다. 데이터 센터 등에서 재생에너지 사용을 늘리고 있으며 자체 빌딩에서는 에너지 효율이 높은 LED 전등을 사용하고 필요할 때만 점등이 되는 자동 점멸 장치도 쓰고 있다. 흥미로운 점은 SB 에너지와 SB 전력을 계열사로 두고 있는데 이들 두 기업 모두 재생에너지를 생산해 공급하고 있다.

소프트뱅크 그룹은 자원 사용을 절감하기 위해 순환경제의 실현에도 주력하고 있다. 이를 위해 일반적으로 널리 쓰이는 감축Reduce, 재사용Reuse, 재활용Recycle의 원칙을 실행에 옮기고 있다. 감축과 관련해서는 사용 안내 자료와 송장을 디지털화하고 매장에서 아이패드를 활용함으로써 종이 소비를 줄이고 있다. 또 스마트폰과 태블릿 PC의 중고 거래를 촉진해 재사용을 돕고 있다. 이와 함께 기사용된 스마트폰 핸드셋과 배터리 팩을 수거해 재활용하고 있다. 특히 플라스틱 사용을 줄이기 위해 100% 재활용이 가능한 종이봉투 등을 사용하고 있다.

ESG 경영혁신 글로벌 초일류 기업에서 배워라!

소프트뱅크 ESG 경영의 특징

- 이동통신과 투자사업을 주요 비즈니스로 하고 있는 사업구조를 반영해 두 가지 축으로 ESG 경영을 추진하고 있다. 기후변화, 지배구조, 인적자본 관리, 혁신 관리, 지속가능 금융, 개인정보 및 데이터 보안 등을 중대 이슈로 선정했다.

- 소프트뱅크 그룹이 투자한 피투자기업, 즉 포트폴리오 기업들이 경영 전략에 ESG를 통합하도록 유도하고 있다.

- 환경, 노동, 건강 및 안전, 공정한 비즈니스 등을 골자로 하는 협력업체 행동규범을 운영하고 있는데 협력업체들이 생물다양성 보전에 관심을 갖도록 강조한 점이 특징이다.

- 인권 존중 정책을 자사 직원뿐만 아니라 고객, 협력업체 등 모든 이해관계자에 적용하고 있으며 직원, 자회사, 관계회사, 협력업체 등을 대상으로 인권 실사를 실시하고 있다.

- IT 기업인 만큼 인공지능 윤리를 마련해 시행하고 있다. 이 윤리는 인간 중심 원칙, 안전 확보, 개인 정보 보호 등을 골자로 하고 있다.

- 소프트뱅크 그룹과 자회사인 Z홀딩스, Arm 모두 탄소중립 달성 시한을 2030년으로 잡고 있으며 이동통신사인 소프트뱅크는 이미 2021년에 탄소중립을 달성했다. 탄소배출 감축에 진심인 기업이다.

그들은 어떻게
ESG 경영 모범 기업이 됐나?
—

지금까지 오스테드, 네스테, 마이크로소프트, 유니레버, 코카콜라, 베스트 바이, 소프트뱅크 그룹 7개 글로벌 초일류 기업이 어떻게 최고 수준의 ESG 경영을 하고 있는지에 대해 살펴보았다. ESG 경영 모범기업인 이들 기업은 어떤 공통점을 가지고 있을까?

가장 두드러지게 눈에 띄는 점은 진정성에 바탕을 둔 비전과 혁신의 리더십이다. 화석연료 기업에서 재생에너지 기업으로 탈바꿈한 오스테드와 네스테의 획기적인 변신은 확고한 비전과 신념에 바탕을 두고 있으면 기업이 어디까지 변화할 수 있는지를 잘 보여준 사례이다. 녹녹지 않은 환경과 반대 등을 무릅쓰고 비즈니스 모델 자체에 대수술을 가한 대혁신은 말 그대로 리더십의 승리라고 할 수 있다. 유니레버의 경우도 10년에 걸쳐 지속적으로 USLP라는 지속가능경영 계획을 추진하고 원가 상승에도 불구하고 지속가능한 방식으로 차 재배를 하는 등의 선택으로 경영혁신을 이뤄냈다. 탄소 감축에 진심인 마이크로소프트, 다양성과 포용성에 큰 진전을 이뤄낸 베스트 바이 등도 모두 마찬가지이다. 이들 기업은 ESG 경영이 결국은 혁신의 과정이며 이를 통해 기업가치를 제고하는 일임을 잘 보여주고 있다.

이해관계자를 존중하고 경영에 참여시키는 것도 ESG 경영 모범기업들이 보인 특징이다. 대표적인 기업은 오스테드로 이해관계자와 소통해 회사가 추진해야 할 지속가능과제를 발굴하고 있다. 이해관계자들이 제기한 이슈를 회사 전략으로 내재화한 다음 이를 경영성과로 연결시키고 있다. 이 과정에는 이사회가 적극적으로 참여하고 있다. 네스테와 코카콜라도 내외부의 이해관계자의 의견을 반영해 ESG 중대 이슈를 선정하고 있다. 또 유니레버는 거래하는 협력농장과 소통해 환경을 훼손하지 않는 방식으로 차를 재배하고 주요 협력업체들과 '목적이 있는 유니레버 파트너UPwP'를 결성해 지속가능한 공급망 관리를 위한 지배구조를 구축해놓고 있다. 이들 기업은 이해관계자와 형식적으로 소통하는 데 그치지 않고 이해관계자를 경영에 적극적으로 참여시킴으로써 ESG 경영의 중요한 파트너로 삼고 있는 것이다.

다음으로 이들 ESG 경영 모범 기업들은 기후변화의 심각성을 인식하고 탄소배출을 줄이는 데 매우 적극적인 모습을 보이고 있다. 탄소배출 감축에 부담감을 느끼고 있는 많은 기업과 달리 선제적으로 탄소배출을 줄이는 데 나서고 있다. 대부분 기업의 탄소중립 시한이 많은 나라의 정부가 선택한 2050년보다 훨씬 빠르다. 이동통신사인 소프트뱅크는 이미 탄소중립을 달성했으며 소프트뱅크 그룹은 2030년을 시한으로 잡았다. 마이크로소프트는 2030년까지 탄소중립을 넘어서 탄소를 더 줄이는 탄소 네거티브를 실현하기로 했다. 네스테는 아예 2040년까지 가치사슬 전반에서 탄소중립을 실현하겠다는 인상적인 목표를 추진하고 있다. 자사뿐만 아니라 업스트림, 다운스트림 가치사슬의 탄소중립을 이루겠다는 의욕적 선언이다. 이 밖에 유니레버가 2039년을, 오스테드와 베스트 바이는 2040년, 그리고 코카콜라는 2050년을 탄소중립 시한으로 잡았다. 정부나 다른 기업과 유사하게 2050년을 목표 시한으로 잡은 코카콜라가 느려 보일 정도이다. 이들 기업이 탄소 감축에 진심인 것은 탄소를 뿜어내는 비즈니스 모델은 더 이상 지속가능하지 않을 것이라는 경영적 판단과 기업도 기후변화 대응에 참여해야 한다는 소명 의식에 바탕을 둔 것으로 보인다.

이들 모범 기업은 또 ESG 경영에 협력업체를 적극 참여시키고 있다. 협력업체로서는 다양한 압박을 받고 있다고 느낄 수도 있겠지만 협력업체의 변화가 없이는 성공적인 ESG 경영이 실현될 수 없다는 점을 이들 기업은 잘 인식하고 있는 것이다. 이들 기업이 협력업체 행동규범 등을 통해 세세하게 ESG 경영과 관련된 다양한 요구를 하는 이유이다.

먼저 탄소배출 감축 노력을 보자. 앞서 소개한 대로 네스테는 아예 2040년까지 가치사슬 전반에서 탄소중립을 실현하기로 했다. 베스트 바이 또한 2030년까지 스코프 3 배출량을 20% 줄이기로 목표를 정했다. 오스테드는 스코프 3 탄소배출도 감축 목표에 넣었으며 1차 협력업체 등이 2025년까지 에너지 소비를 100% 재생에너지로 충당하도록 요구하고 있다. 마이크로소프트도 마찬가지이다. 협력업체들이 2030년까지 온실가스 배출을 55% 이상 줄이고 스코프 1, 스코프 2, 스코프 3 배출량을 밝히도록 했다. 협력업체가 자체 가치사슬 전반의 탄소 배출량을 공시하도록 한 것이다. 이 밖에 2039년까지 넷제로를 달성하기로 한 유니레버도 이 목표에 가치사슬 전반을 포함시켰다.

협력업체에 대한 요구는 환경 이슈에 그치지 않고 있다. 인권을 비롯해 다양성과 포용성, 안전, 생물다양성 등 이슈도 협력업체들이 준수하도록 압박하고 있다. 오스테드는 가치사슬 전반에서 인권을 존중하는 정책을 시행하고 있으며 협력업체에 대해 인권 실사를 실시하고 있다. 또 공급망에도 다양성과 포용성 원칙을 적용하고 있다. 네스테도 인권, 생물다양성, 안전과 건강 등 기준을 엄격하게 적용하고 있는데 이에 대한 공급망 실사 시 1차 협력업체는 물론 2차 협력업체도 대상에 포함시키고 있다. 유니레버는 사업의 특성을 반영해 팜오일, 차, 콩 등 핵심 제품이 삼림파괴에서 자유로운 공급망을 구축하려 하고 있다. 코카콜라의 경우 12개 핵심 원료를 제공하는 협력업체들이 인권, 물 관리 등을 규정한 '지속가능 영농원칙'을 지키도록 하고 있으며 인권과 다양성 및 포용성 원칙이 가치사슬에서도 지켜지도록 하고 있다. 또 베스트 바이와 소프트뱅크 그룹은 인권 존중 원칙을 크게 확대해 적용하고 있다. 베스트 바이는 이 원칙을 협력업체, 소비자, 지역사회에, 그리고 소프트뱅크 그룹은 고객과 협력업체에 적용하고 있다. 결국 모범기업들은 ESG 경영을 해나가는 데 있어 자사와 협력업체가 한 몸처럼 움직여가야 한다는 판단 아래 이를 강도 높게 밀어붙이고 있는 셈이다.

이와 함께 ESG 경영 지표를 성과관리 지표인 KPI에 포함시키고 있는 기업들도 있다. 오스테드는 안전을 KPI에 포함시키고 그 성과를 보상과 연계하고 있다. 코카콜라도 다양성과 포용성 목표치의 달성 여부를 경영진의 연간 인센티브 결정 시 반영하고 있다. 이들 지표의 결과에 따라 경영진의 급여 수준이 영향을 받고 있는 것이다. 또 기후변화와 동전의 양면을 이루고 있는 생물다양성 보전을 적극적으로 추진하고 있는 기업도 있다. 네스테는 아예 목표치를 설정하고 2040년까지 네이처 포지티브를 달성해 자사가 사용하는 자연을 종전보다 더 나은 상태로 만들어 놓겠다는 의지를 밝혔다. 소프트 뱅크는 협력업체들도 생물다양성 보전에 관심을 갖도록 요구하고 있다.

3장

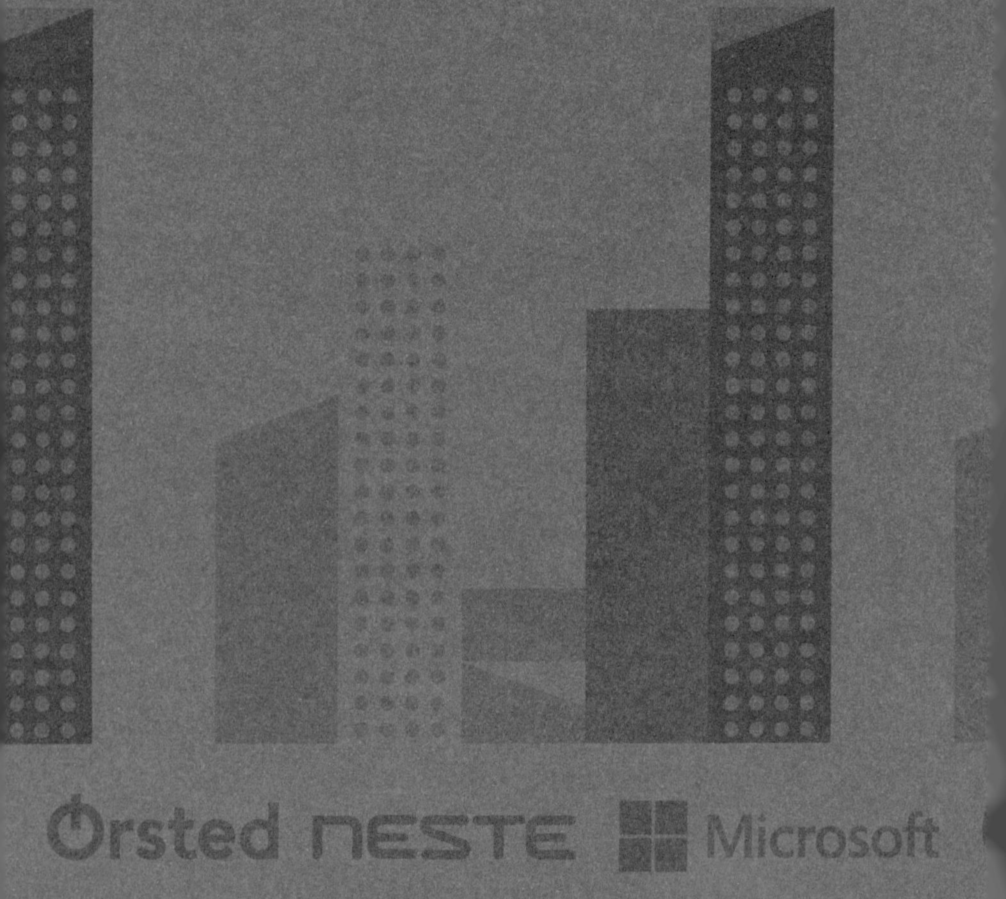
Ørsted
NESTE
Microsoft

ESG 경영
주요 이슈

멀리 내다보며 '별'을 바라보는 시선을
놓치지 않아야 한다.
ESG가 당장은 입에 쓸지 모르지만
결국은 기업의 체질을 질적으로 개선해 가치를 키우는
'양약良藥'이 될 것이기 때문이다.

한국기업의
ESG 경영 현주소는?

—

ESG를 바라보는 시선이 다소 혼란스러워졌다. 일사천리로 기업 경영의 새로운 틀로 자리 잡는 듯하더니 역풍이 만만치 않다. 주로 미국 쪽에서다. 석유기업 등을 자금줄로 삼고 있는 공화당이 민주당 정부의 ESG 확산 움직임에 제동을 걸고 있다. 공화당으로부터 뭇매를 맞아 온 ESG의 전도사 래리 핑크 블랙록 회장은 ESG란 용어가 너무 정치화됐다며 이 말을 그만 사용하겠다고 선언했다. ESG 주창자 중의 한 명인 린 포로스테 드 로스차일드 로스차일드홀딩스 회장은 심지어 "ESG란 말을 쓰레기통에 버려야 한다"라고까지 얘기했다. ESG가 지나치게 정치화돼 새로운 용어로 대체돼야 한다는 게 그녀의 주장이다. 학계에서는 결론은 비슷하면서도 결이 좀 다른 견해가 나왔다. 'ESG 파이코노믹스'의 저자인 알렉스 에드먼스 런던비즈니스스쿨 교수는 지난해 초에 'ESG의 종언'이란 논문을 발표했다. 이 글에서 에드먼스 교수는 "ESG는 매주 중요하지만 특별하게 다룰 필요는 없다"고 언급했다. ESG가 기업에 장기적 수익을 가져다주는 기업문화나 혁신 역량 같은 다른 무형 자산과 다를 게 없다는 것이다.

ESG는 한때의 유행에 불과한 것일까? 단도직입적으로 답을 얘기하면 '아니다'이다. ESG란 말을 쓰지 말자고 하는 주장은 정치 공방을 우회하기 위한 고육지책이라고 할 수 있다. '총론의 언어'는 쓰지 않되 기후변화와 이해관계자 자본주의 등 ESG가 포괄하고 있는 이슈는 포기하지 않으려는 뜻이 담겨 있다. 학문적으로도 기업 경영에 있어서 ESG의 중요성은 그대로 인정되고 있다. 특히 EU를 중심으로 글로벌 무대에서의 ESG 기류는 여전히 건재하다. JTC의 설문조사 결과를 보면, 투자자와 투자자문사, 펀드매니저들의 4분의 3이 투자 전략 수립 시 ESG를 반영하고 있는 것으로 나타났다. PWC 조사에서도 ESG는 투자자들의 상위 5위 관심사에 포함돼있다. 기업 경영진의 분위기도 마찬가지다. 회계법인인 EY가 21개국의 CFO 1천 명을 대상으로 조사한 결과 이들은 ESG를 최우선 경영 사안으로 꼽았다. 대한상의가 국내 300개 기업을 대상으로 실시한 조사에서도 대부분 기업은 ESG 경영이 지난해와 비슷하거나 더 중요해질 것이라고 응답했다. ESG에 대한 소비자와 근로자들의 지지도도 높은 상태이다. USC와 웨버 쉔드윅은 소비자와 근로자 10명 중 7명이 기업의 사회적 책임에 동의한다는 의견을 가지고 있다고 밝혔다. 세대별로 보면 젊은층인 MZ세대가 제품 구매(74%)와 취업(80%) 시 기업의 ESG 등급을 중요하게 고려하고 있는 것으로 나타났다.

소음은 조금 있지만 새로운 경영의 틀로 뿌리를 내려가고 있는 ESG. 한국기업들의 현재 수준은 어느 정도일까? 형식적인 면에서 모양새를 갖춰가고 있지만, 본질적인 면에서는 갈 길이 먼 지점에 서 있다고 평가할 수 있을 것 같다. 먼저 전체 성적표를 들여다보자. 대외경제정책연구원이 18개국의 52만여 기업을 대상으로 ESG 점수를 분석한 결과는 한국 기업의 ESG 경영의 현주소를 잘 보여주고 있다. 한국 기업의 ESG 점수는 11.50점으로 글로벌 평균치인 20.66점을 크게 밑돌고 있다. 부분별로 보면, 지배구조(G)가 전체 평균치의 44.5%(13.28점)에 불과해 가장 저조했고, 다음으로 환경(E)이 51.2%(6.47점), 사회(S)가 67.5%(13.28점)로 집계됐다. 세계 수준과 큰 격차가 있다. 실제로 한국 기업들의 ESG 등급은 부진한 수준에 그치고 있다. 한국ESG기준원이 공표한 2023년 등급을 기준으로 보면 가장 높은 S등급을 받은 기업은 한 기업도 없다. A+ 기업도 전체의 2.4%인 19개 사에 그치고 있다. '불합격'이라고 볼 수 있는 B, C, D 등급은 전체 상장사 791개 중 459개로 10개 중 6개에 달하고 있다.

좀 더 구체적인 내용을 살펴보자. 현실적인 문제 탓이겠지만, 규모가 큰 기업일수록 ESG경영의 형식을 갖춰가고 있는 반면 규모가 작은 기업은 어려움을 겪고 있는 현황이 드러난다. 통상 ESG 경영을 얘기할 때 우선적으로 점검해보는 것은 ESG위원회 설치와 지속가능경영보고서 발간 여부이다. 먼저 ESG위원회의 경우 유가증권시장 상장사 중 대기업집단은 63%가 넘는 기업이 이를 둔 반면 기업집단에 들어가지 않은 기업의 설치 비율은 6.95%에 불과하다. ESG보고서로 불리는 지속가능경영보고서도 상황은 같다. 자산 규모가 2조 원이 넘는 유가증권 상장사의 보고서 발간 비율은 66%인 데 비해 유가증권과 코스닥 상장사의 전체 평균 비율은 9%에 머물고 있다. 자산 규모가 작을수록 보고서 발간에 엄두를 내지 못하고 있기 때문이다. 자산이 5천억 원에 못 미치는 상장사의 발간 비율은 1%에 불과하다.

기업의 규모와 관계없이 전반적으로 성과가 좋지 않은 사안들도 있다. 대표적인 항목이 탄소중립 목표의 수립. 전체 상장사 중 13.6%인 126개 사만이 이 목표를 세운 상태다. 다양성과 포용성으로 불리는 남녀평등 이슈도 명함을 내밀기 어려운 수준이다. 여기에서는 겉과 속의 차이가 확연하게 드러난다. 자산 규모 2조

ESG 경영혁신 글로벌 초일류 기업에서 배워라!

원 이상 상장사 중 여성 사외이사를 최소한 한 명이라도 둔 비율은 2018년의 10.6%에서 2021년 3분기 현재 51.5%로 크게 올라 문제가 상당 부분 개선된 것으로 보인다. 하지만 실제는 좀 다르다. 전체 사외이사 중 여성 비율이 7.4%에 그치고 있기 때문이다. 이는 아시아 국가 중 최하위권이다. 최근 중요한 이슈로 떠오르고 있는 생물다양성에 대한 대응은 어떨까? 관심을 가지고 대응하는 기업이 늘어나고 있는 것은 사실이다. 문제는 접근 방식이 외국 기업과 적지 않은 차이를 보인다는 데 있다. 해외 기업들은 생물다양성 손실을 복원시키는 방안을 경영 전략 안에 포함해 추진하는 특징을 보이고 있다. 자연이 훼손된 것보다 더 많이 회복시키겠다는 '네이처 포지티브'에 시동을 건 세일즈포스나 삼림을 파괴하지 않으면서 제품을 생산하겠다고 선언한 제지업체 인터내셔널 페이퍼가 대표적 예이다. 이에 비해 한국 기업들은 아직은 전략적 고려 없이 나무 심기나 천연기념물 보호 등 사회적 책임 활동의 하나로 생물다양성 이슈를 다루는 모습이다. 또 한 가지 흥미로운 점은 ESG 중 무엇이 가장 중요한지에 대해 엇갈리는 의견이다. 기업은 환경을 가장 중시하고 있다. 그러나 ESG 평가기관들은 지배구조에 최대 가중치를 부여하고 있다. 평가기관이 상대적으로 더 객관적인 기준을 가지고 있다고 본다면 기업으로서는 아무래도 부담스러운 지배구조 문제를 다루는 데 소극적이라는 진단을 할 수 있을 것 같다.

이러다 보니 ESG를 규제로 보는 시각이 한국 기업 사이에 지배적이다. 실제로 탄소배출량 공표를 주축으로 한 기후공시, 탄소배출에 대해 관세 수준의 재무적 부담을 지우는 탄소국경조정세, 공급망에 대한 환경 및 인권 실사 등 관련 규제가 잇따르고 있는 게 현실이다. ESG북 집계에 따르면 ESG에 대한 정책적 개입 건수는 지난 2001년~2010년 기간의 473개에서 2011년 이후에는 천 255개로 크게 늘어났다. 중요한 점은 ESG를 규제로만 간주하고 어쩔 수 없이 해야 하는 것으로 볼 경우 '고개 숙여 땅만 바라보다가 별을 놓치는' 잘못을 범할 수 있다는 데 있다. 이 부분이 외국 기업과 한국 기업이 크게 차이를 보이는 대목이다. KPMG가 최근 펴낸 '2023 CEO 전망'을 보면 미국 경영진 중 74%는 ESG를 가치를 창출하는 수단으로 생각하고 있다. 5년 안에 ESG 투자로 상당한 수익을 얻을 것으로 전망하는 CEO 비율은 82%에 달하고 있다. 이들 미국 CEO는 ESG가 재무적 성과는 물론 고객과의 관계, 브랜드, 평판, 인재 확보 등에 긍정적인 영향을 미친다고 응답했다. 딜리전트 연구소와 스페넛스튜어트가 글로벌 기업의 이사들을 대상으로 실시한 공동 조사에서도 비슷한 결과가 나왔다. ESG를 리스크 못지않게 기회로 본 기업 비율이 75%에 달했다.

사실 ESG는 경영과 가치사슬 전반에 환경을 보호하고 사람을 돌보는 투명하고 윤리적인 경영을 내재화해서 기업의 중장기 가치를 제고하자는 데 본질적 목적이 있다. 기업가치를 키우는 게 ESG 경영을 해나가면서 바라보고 가야 할 '별'이라는 얘기다. 이런 점에서 많은 해외 기업들은 ESG 본연의 목표를 제대로 지향하고 있다고 할 수 있다. 네스테와 유니레버가 여기에 해당하는 대표적 '역할 모델' 기업이다. 핀란드 기업인 네스테는 지난 2009년 기존 정유사업으로는 생존 가능성이 없다고 보고 비즈니스 모델을 정반대로 재생에너지 쪽으로 전환하기로 결단을 했다. 과정이 순탄하지는 않았고 투자자와 직원, 소비자들의 저항도 만만치 않았지만, 마침내 세계 최대 재생연료 생산기업으로 변신하는 데 성공했다. 영국 생활용품 기업인 유니레버도 10억 명 이상의 건강과 복지 개선, 환경에 대한 부정적 영향의 절반 감축 등 야심 찬 계획을 담은 '유니레버 지속가능생활계획USLP'을 10년 동안 추진해 목표도 달성하고 뛰어난 경영 성과를 올렸다. 두 기업모두 ESG 경영을 적극적으로 추진해 기업가치를 크게 높인 사례이다. 한국기업들이 ESG를 주로 규제로 체감하는 것은 구력이 짧아 성공 경험이 없기 때문일 것이다. 그럴수록 멀리 내다보며 '별'을 바라보는 시선을 놓치지 않아야 한다. ESG가 당장은 입에 쓸지 모르지만 결국은 기업의 체질을 질적으로 개선해 가치를 키우는 '양약良藥'이 될 것이기 때문이다.

탄소배출 공시 시대의 개막

—

정부는 2023년 3월에 국가 탄소중립·녹색성장 기본계획을 발표했다. 이 계획에는 2030년 국가 온실가스 감축목표(2018년 대비 40%)를 달성하기 위한 부문별 목표의 조정 내용이 포함됐다. 전환 부분의 감축 목표치를 종전의 44.4%에서 45.9%로 소폭 상향한 반면 산업은 14.5%에서 11.4%로 3.1% 포인트 내린 게 특징이다. 정부는 "산업 부문은 원료 수급, 기술 전망 등 현실적인 국내 여건을 고려하여 감축목표를 완화했다"고 설명했다. 화석연료를 많이 사용하는 제조업의 비중이 높은 산업구조를 고려할 때 탄소를 획기적으로 줄이기 어려운 현실을 반영한 정책의 선회라고 할 수 있다.

ESG 경영혁신 글로벌 초일류 기업에서 배워라!

문제는 지금부터다. 국내외 여건이 이런 시나리오가 먹혀들 수 있는 쪽으로 움직인다면야 만사 'OK'다. 제조업은 상대적으로 천천히 탄소배출을 줄여나가도 돼 소프트랜딩의 길이 열리게 된다. 하지만 상황이 그린 만만하지 않다. EU가 탄소 배출을 많이 하는 외국 기업에 불이익을 주는 제도를 확정한데다 글로벌 차원에서 기업의 탄소 배출 공시를 의무화하는 제도가 본격적인 시동을 걸고 있기 때문이다.

먼저 EU로 가보자. ESG와 기후변화 대응을 선도하고 있는 EU는 2030년까지 탄소 배출량을 1990년에 대비해 55% 줄이기로 하고 이를 실현하기 위한 입법안 패키지 '핏포 55$^{\text{Fit for 55}}$'를 적극적으로 추진하고 있다. 이 중 대표적인 것이 '탄소국경조정제도^{CBAM}'이다. 이 제도는 환경규제가 약한 외국에서 생산된 수입 제품에 대해 EU 제품보다 탄소배출 비용을 적게 지불한 만큼 관세 형태의 탄소 가격을 물리겠다는 것을 골자로 하고 있다. 그 차이만큼 수입 제품에 대해 CBAM 인증서를 구매하도록 의무화해 금전적 부담을 지우겠다는 것이다. 이 제도는 EU 기업이 탄소 규제가 약한 다른 나라로 빠져나가는 것을 막기 위한 목적을 가지고 있다. 자신들은 저탄소 구조로 전환하느라 원가가 높아졌는데 다른 나라의 고탄소 제품이 아무런 규제도 받지 않고 수입되는 불공정 무역 문제를 해소하겠다는 의도도 담겨 있다.

CBAM과 관련해 2022년 말부터 의미 있는 진전이 이뤄져 왔다. 그동안 EU 집행위원회와 이사회, 유럽의회는 각자의 안을 내놓았는데 지난해 말 최종 입법안에 대한 합의가 이뤄졌고 최근 유럽의회와 이사회가 이를 공식 승인했다. 핵심 내용을 보면, 2023년 10월부터 2025년까지의 전환 기간을 거쳐 2026년 1월부터 탄소국경조정제도를 본격 시행하는 것으로 일정이 확정됐다. 전환 기간에 대상 업체들은 탄소 배출량을 보고하면 된다. CBAM 인증서 구매는 2026년부터 의무화된다. 대상 품목은 당초 집행위와 이사회는 5개, 유럽의회는 9개를 주장했으나 결국 철강·알루미늄·시멘트·비료·전력·수소 6개 제품으로 결정됐다. 다만, 과도 기간에 플라스틱과 유기화학품 등을 추가할 수 있는 길을 열어놓았다. 이 제도가 적용되는 탄소 배출량에는 생산공정에서의 직접 배출량과 외부에서 사들인 열과 전기 사용으로 인한 간접 배출량이 포함됐다.

CBAM은 국내 기업에 어떤 영향을 미칠까? 비상이 걸린 곳은 철강업종이다. 우리나라는 대對EU 5위 철강 수출국으로 그 규모가 43억 달러(2021년)에 이르고 있다. 철강업은 탄소를 많이 내뿜는 업종인 만큼 CBAM 인증서 구매 부담이 생기면 수출 경쟁력이 약화될 것으로 우려된다. 전환 기간 중 수소환원제철과 CCUS(탄소포집·이용·저장) 기술 등을 활용해 탄소 배출을 크게 줄여야 하는 일이 발등의 불로 떨어졌다. 알루미늄의 경우 연간 수출량이 5억 달러로 철강에 비해 규모는 작지만 투입재인 잉곳의 생산공정이 탄소를 많이 배출해 부정적 영향이 예상된다. 나머지 비료, 시멘트, 전력, 수소 4개 품목은 수출이 적거나 없는 상태이다.

하지만 CBAM의 여파는 여기에 그치지 않을 가능성이 있다. EU가 앞으로 플라스틱이나 유기화학품 등을 대상에 추가하면 부정적 영향이 우려된다. EU 수출물량이 플라스틱은 철강보다 많은 연간 50억 달러, 유기화학물은 18억 달러에 이르기 때문이다. CBAM은 탄소 배출이 무역장벽화하고 있는 사례이다.

탄소 배출 감축 부담을 가져오는 대내외 여건은 여기에 그치지 않고 있다. 기업들은 필요한 전력의 100%를 태양광이나 풍력 같은 재생에너지로 사용하겠다는 RE100에 가입하고 있다. 현재 157개 국내 기업이 참여를 선언한 상태다. 목표 시점은 2025년부터 2050년까지 다양하다. 기업은 자발적으로 RE100에 가입하는 형식을 취하고 있지만, 실제로는 글로벌 무대해서 사업을 하려면 '꼭 입어야 하는 드레스코드' 같은 '사적 규제'가 작동하고 있는 탓이 크다. 앞으로 RE100에 대한 압박은 더욱 커질 것이다. 이는 기업들이 탄소를 배출하는 화석연료의 활용을 크게 줄여나가야 함을 시사한다.

여기에다 기업 공시의 큰 판을 바꾸는 제도적 변화가 임박한 상태다. 기후공시, 좀 더 구체적으로 말하면 탄소배출 공시안이 이미 시행에 들어갔거나 확정을 눈앞에 두고 있다. 기업은 크게 스코프 1, 스코프 2, 스코프 3 등 세 가지 통로를 통해 탄소를 배출하고 있다. 스코프 1은 기업이 소유·통제하고 있는 공장 등 시설에서 발생하는 직접적 배출이다. 스코프 2는 기업이 구매하는 전기와 동력을 생산하는 과정에서 나오는 탄소를 말한다. 스코프 3는 협력업체는 물론 물류, 제품의 사용과 폐기 등 기업 외부에서의 간접적 배출량이다. 스코프 3는 측정과 관리가 어려워 기업들이 어려움을 호소하고 있다. 하지만 전체 탄소배출의 70% 이상을 차지하는 스코프 3를 빼고 기후공시를 하자는 것은 '알맹이'를 없애자는 얘기와 다름이 없다는 지적을 받고 있다.

현재 지속가능 및 기후공시 제도에서 가장 빠르게 움직이고 있는 곳은 역시 EU다. EU는 2023년 1월부터 이미 기업지속가능성공시지침CSRD을 시행하고 있는데 EU집행위원회는 지난해 7월에 CSRD 이행을 위해 유럽지속가능성보고표준ESRS의 첫 번째 세트를 확정했다. 5천 개 EU 역내외 기업에 적용되는 CSRD는 스코프 1, 2, 3 모두의 탄소 배출 공시를 의무화하고 있다. 특히 기후변화가 기업에 미치는 영향은 물론 기업이 환경에 주는 영향도 알리도록 하고 있다. 이른바 이중중대성 원칙이다. CSRD는

2024년부터 2029년 사이에 단계적으로 적용 대상이 확대된다.

글로벌 무대에서의 지속가능 및 기후 공시안도 확정, 발표됐다. 이 작업을 맡아온 기관은 ISSB^{국제지속가능성기준위원회}인데 2023년 6월 말에 최종안을 공표했다. ISSB안은 2024년 1월부터 효력이 발생하는데 실제로는 2024년 보고서가 나오는 2025년부터 적용되는 셈이다. ISSB안 또한 스코프 1, 2, 3 전체의 탄소 배출량을 공시하도록 하고 있다. 다만, 협력업체들의 자료를 수집하는 데 어려움이 적지 않은 점을 감안해 스코프 3는 시행 시기를 1년 늦추기로 했다. ISSB안은 비교적 빠른 속도로 각국이 도입할 것으로 보인다. G7과 G20, 국제증권관리위원회와 40개국 이상의 재무장관과 중앙은행 총재들이 이를 지지하고 있기 때문이다.

마지막으로 미국 SEC^{증권거래위원회}. SEC는 2022년 3월 상장사의 기후공시를 의무화하는 방안을 발표했다. 대상은 EU와 ISSB의 방안과 동일하게 스코프 1, 2, 3를 포괄하고 있다. 다만, 스코프 3는 상장사에 '중요한' 경우, 그리고 상장사가 스코프 3를 포함한 탄소감축 목표를 설정한 경우로 제한하고 있다. 현재 이 안을 놓고 찬반 논란이 한창인데 공화당과 일부 기업이 반발하고 있어 스코프 3 공시안이 안회될 가능성이 있어 보인다. SEC 최종안은 2024년 상반기에 발표될 예정이다. 이에 앞서 미국 캘리포니아주는 일정 규모 이상의 대기업이 온실가스 배출량을 공시하고 이 공시 대상에 스코프 3를 포함하는 것을 골자로 하는 '기후기업데이터책임법안Climate Corporate Data Accountability Act'을 마련했다. 이 법안은 캘리포니아주에서 사업을 하고 있는 연매출 10억 달러 이상의 모든 기업에 적용되는데 2026년부터 스코프 1과 스코프 2 배출 정보를, 그리고 2027년부터 스코프 3 배출 정보를 의무적으로 공개하도록 하고 있다. 이 같은 공시 의무를 지키지 않으면 연간 500만 달러 이내의 벌금 등 행정적 처벌이 가해진다.

기후공시는 이제 피할 수 없는 대세가 됐다. 오는 2026년 이후에 ESG 공시 의무화 방안을 내놓겠다는 정부도 글로벌 제도화의 흐름을 고려해 기후공시부터 관련 기준을 마련한다는 방침이다. 이에 앞서 ISSB안이 확정됨에 따라 우리나라도 도입 압박을 받게 될 전망이다. EU의 CSRD와 미국 SEC안은 현지에 진출한 일정 규모 이상의 국내 기업은 적용 대상이 된다. 또 미국과 EU 기업의 공급망에 들어있는 기업도 이를 우회할 수 없다. 문제는 스코프 3 탄소 배출이다. 대다수 기업이 이를 공시하지 못하고 있는 상태이다. 특히 중소기업의 준비가 부진한 상황이다. 하지만 지구온난화를 억제하기 위해 2050년까지 탄소중립을 달성해야 하는 일이 글로벌 대명제가 된 상태에서 기업 전 영역에서의 탄소 배출을 공시하는 것은 세계적인 공감대가 모아진 실행

ESG 경영혁신 글로벌 초일류 기업에서 배워라!

과제이다. 전면적 기후 공시가 기업 경영환경의 '뉴노멀'이 되는 시대가 다가오고 있는 것이다. 특히 기후공시는 개별 기업의 탄소 배출 '성적표'가 드러나는 것과 함께 매년 탄소 배출을 얼마나 줄이고 있는지에 대해 시장의 감시체제가 가동될 것임을 말해주고 있다.

결국 탄소 배출 감축은 향후 기업의 경쟁력을 좌우할 수 있는 요인이 될 전망이다. 기업들은 힘겨운 과제라고 하소연하고 있지만 저탄소 산업구조로의 전환은 되돌릴 수 없는 시대적 흐름이 됐다. 국가의 탄소감축 목표와 관련한 기업의 부담이 줄어들었다고 방심하면 수출시장에서 그리고 공시제도가 가동되는 금융 및 자본시장에서 국내 기업은 적지 않은 어려움에 직면할 수 있다. 다행히 탄소중립을 위기가 아닌 기회를 인식하는 기업이 많이 늘어나고 있어 기업가정신이 주도하는 '탄소 혁신'에 기대를 걸어본다. 아울러 정부가 화학, 철강, 시멘트, 반도체 및 디스플레이 등 4대 탄소 다배출 업종의 탄소중립 기술 개발에 본격적으로 착수한 만큼 민관의 공조가 '저탄소 코리아'로 가는 길을 열어갔으면 하는 바램이다.

공급망 실사 파고波高,
어떻게 넘을 것인가?

—

글로벌 경제의 뜨거운 이슈 중 하나인 공급망. 제품의 생산과정이 '컨베이어 벨트'처럼 지역적으로 연결돼있는 가치사슬의 핵심 축이다. 안정적으로 굴러가는 듯하던 공급망은 최근 들어 그 안에 구조적인 불안 요인을 내포하고 있음을 드러냈다. 팬데믹 기간에는 락다운으로 멈춰섰고, 한두가지 부품의 생산 차질로 전체가 마비되는 사태가 빚어지기도 했다. 또 무역분쟁의 와중에서 핵심 부품은 상대국을 향한 무기로 변질되기도 했다. 더 큰 틀에서는 미·중 패권경쟁의 국면 속에서 공급망을 '내 편'과 '네 편'으로 가려 재편하려는 움직임이 가시화되고 있다.

이런 상황에서 공급망의 '스트레스 수위'를 높이는 또 하나의 변수가 부상하고 있다. 바로 EU가 주도하고 있는 공급망에 대한 실사 지침CSDDD이다. 이 지침은 2023년 6월 1일 유럽의회의 표결 문턱을 넘어섰다. 지금은 EU집행위원회와 의회, 그리고 이사회 간에 3자 협의가 진행 중인데 2024년 중 최종 합의안이 나올 것으로 전망되고 있다. 이 지침이 주목을 받고 있는 것은 일정 규모 이상의 EU기업과 EU내 외국 기업의 공급망에 대해 환경과 인권을 중심으로 포괄적인 ESG 실사를 하도록 의무화하고 있기 때문이다.

구체적인 내용을 들여다보면, 기업 자체 활동뿐만 아니라 자회사와 협력사의 인권 및 환경에 대한 부정적인 영향을 식별하고 이를 예방·완화·제거하는 등 적절한 조치를 하도록 규정하고 있다. 인권의 경우 근로조건, 아동노동, 강제노동, 뇌물과 부패방지, 결사의 자유, 단결권, 단체교섭권 보장 등이, 또 환경은 기후변화, 생물다양성, 대기·토양·수질 오염, 천연자원 과소비, 폐기물 관리 등이 실사 대상이다. 특히 기후변화와 관련해서는 지구 기온상승 폭을 산업화 이전 대비 1.5℃ 이내로 억제하기로 한 파리기후협약에 부합하는 전략을 수립하고, 2030년과 2050년까지의 온실가스 배출 감축 목표를 설정하며, 공급망 내 기업의 탈탄소 수준을 포함시키도록 하고 있다. 유념해서 봐야 할 대목은 실사 의무 위반에 대한 제재 수준이다. 행정적으로는 벌금이 부과되는 것은 물론 공공조달 입찰과 유통, 그리고 수출이 금지될 수 있다. 고객 사와의 거래가 중단될 수 있는 것이다. 이뿐만이 아니다. 위반 기업을 대상으로 민사상 손해배상을 청구할 수 있는 길을 열어놓았다. EU 차원의 움직임과 별도로 개별 국가의 발걸음도 빨라지고 있다. 독일과 프랑스, 노르웨이는 유사한 법률을 이미 시행하고 있으며 네덜란드와 오스트리아, 벨기에 등 국가의 의회에는 관련 법안이 제출돼 있다. 미국도 예외는 아니다. 지난해 '위구르 강제노동 금지법'이 발효됐으며 캘리포니아주에서는 공급망 투명성법이 제정돼있는 상태이다.

이렇듯 동시다발적으로 진행되고 있는 공급망 실사의 법제화 추세로 당장 EU지역에 수출하는 국내 기업에 비상이 걸렸다. EU에 법인이나 지사를 설치한 기업은 물론 공급망에 포함된 기업까지 지침 적용을 피할 수 없을 것으로 보이기 때문이다. 정부는 2023년 5월에 내놓은 '공급망 실사 대응을 위한 기업 지원 방안'에서 "실사 의무는 EU 역내뿐 아니라 역외기업에도 적용되고 공급망 전반에도 의무화해 수출기업에 상당한 영향이 우려된다"고 진단했다. 특히 대對EU 수출이 많은 자동차와 부품업종 등을 중심으로 중소·중견 기업을 포함한 상당수 국내기업에 부정적 여파가 미치고 공급망 안에 있는 협력업체도 간접 영향권에 들어갈 것으로 우려되고 있다. 현재 EU에 수출을 하는 국내 기업은 만

ESG 경영혁신 글로벌 초일류 기업에서 배워라!

8,000여 개에 이르고 있다. 대기업이 527개, 중견기업이 1,181개, 그리고 중소기업이 만 6,206개 사다.

　문제는 국내 기업의 대응 태세가 매우 취약하다는 데 있다. 대한상의가 내놓은 '2023년 ESG 주요 현안과 정책과제' 조사 결과(기업 300곳 대상)를 보면 공급망 실사를 가장 큰 ESG 현안으로 본 응답 비율이 40.3%로 가장 높았다. 하지만 대비 수준은 낮았다. 단기적 대응 여부를 묻는 질문에 대해 원청기업의 48.2%, 협력업체의 47.0%가 별다른 조치가 없다고 답했다. 신경은 크게 쓰고 있지만 아직은 어떻게 해야할지 갈피를 잡지 못하고 있다는 얘기다.

　공급망에 대한 부담은 여기에 그치지 않고 있다. 글로벌 기업들은 자체적인 공급망 실사에 들어감은 물론 탄소 감축 등에 도움이 되지 않는 협력업체들에 대해 엄격한 입장을 보이고 있다. 영국계 은행인 스탠다드차타드가 조사한 결과를 보면 다국적 대기업의 탄소 배출량 중 공급체인이 차지하는 비중이 무려 73%에 이르고 있다. 이 때문에 이들 기업은 협력업체의 탄소 배출을 줄이는 데 중점을 두고 있다. 특히 78%의 대기업은 2025년까지 탄소 감축에 진전이 없는 협력업체와의 거래를 끊겠다는 입장인데 35%이 기업이 공급밍에서 배제될 것으로 전망되고 있다. BMW가 3년 평균 150여 개사를, 그리고 GE가 2020년 기준으로

71개사를 공급망에서 빼낸 것도 같은 맥락에서 진행된 일이다. 공급망 관리를 강화하고 있는 것은 국내 대기업도 마찬가지다. 전경련이 지속가능경영보고서를 펴낸 30대 그룹 소속 75개사를 대상으로 조사한 결과 58.7%인 44개 사가 '협력사 행동규범'을 만들어 협력회사가 이를 준수하도록 요구하고 있는 것으로 나타났다. 이 규범에는 근로시간 준수, 강제근로 금지 등 인권과 온실가스 관리 등 환경, 안전보건, 기업윤리, 경영시스템 항목이 들어 있다.

지금까지 살펴본 내용은 글로벌 공급망이 환경과 인권 등 ESG의 가치를 내재화하는 쪽으로 탈바꿈될 것임을 예고해주고 있다. 관련 기준이 낮은 기업 또는 국가에서 높은 기업과 국가로 공급망이 이동하는 대수술 작업이 이뤄질 것이라는 얘기다. 정부와 기업이 이에 대응하는 과정에서 감안했으면 하는 몇 가지 점을 지적해본다. 먼저 정부는 국제 통상협상 무대에서 공급망 규제의 복잡성을 줄이기 위한 노력을 기울일 필요가 있다. 현재 공급망 실사 논의는 EU뿐만 아니라 개별 국가 차원에서도 이뤄지고 있어 기업 입장에서는 규제 적응을 위한 부담이 이만저만 큰게 아니다. 통상협상을 통해 불합리한 제도에 대해서는 문제 제기를 하고 더 나아가 기후공시나 지속가능공시처럼 국제 표준안을 만들어가는 방안도 검토됐으면 한다.

다음으로 공급망 실사에 대한 정부 관련 부처의 공동 대응이 이뤄져야 한다. EU 지침안을 보면 내용이 상당히 포괄적이다. 환경 부문에서는 국내 기업이 가장 취약한 영역인 생물다양성이 들어있고, 기후변화와 관련해서는 공급망에서의 탄소배출인 스코프3의 감축을 시사하는 항목이 포함돼있다. 또 공시와 관련해 EU가 마련한 지속가능보고지침CSRD와 연계하도록 하는 내용도 있다. 이렇듯 다양한 사안이 담겨 있고 기업에 주는 영향이 클 것으로 보이는 만큼 공급망 실사 대응은 이를 주관하는 산업통상자원부뿐만 아니라 기획재정부, 환경부, 중소벤처기업부 등이 한 몸을 이뤄서 해나가는 게 더 효과적일 것이라는 생각이다.

아울러 대기업이 ESG 역량이 부족한 협력업체를 실효성 있게 지원할 수 있도록 인센티브를 제공하는 방안이 마련됐으면 한다. 현재 공급망 실사에 대응하는 과정에서 걱정스러운 점이 나타나고 있다. 중소기업중앙회는 최근 페널티를 주는 방식의 공급망 실사에 대한 우려를 나타냈다. 중기중앙회는 "ESG 평가 결과가 나쁜 협력사를 공급망에서 탈락시키는 생존 게임 방식의 공급망 실사는 산업기반을 약화시킬 뿐"이라는 입장을 밝혔다. 물론 대기업 입장에서 ESG 경영이 지나치게 부진한 협력사를 안고 갈 수 없다는 판단을 불가피하게 할 수도 있을 것이다. 하지만 다른 나라에 비해 상대적으로 ESG 경영의 초기 단계에 있는 국내 현실을 감안했을 때 협력사를 적극적으로 돕는 방식으로 '상생협력'이 진행되는 게 바람직하다. 정부도 정책적으로 이런 방향으로 유도를 하고 있지만, 현실적인 효과를 높이기 위해서는 자금 지출이 수반되는 대기업의 협력사 지원에 대해서는 세제 혜택 부여 등 인센티브를 주는 방안은 어떨까 싶다.

기업의 경우 모든 업종을 포괄하는 광범위한 접근보다는 업종별 대응이 더 적합해 보인다. 예컨대 의류 산업과 정유 산업은 실사 지침에서 주시하고 있는 '부정적 영향'이 나타나는 분야와 방식이 크게 다르다. 업종별 특이성을 고려해 동종 업종끼리 함께 대응하는 게 적합한 이유이다. 이미 산업별 이니셔티브가 존재하는 자동차와 전자 등 업종은 이를 중심으로, 그렇지 않은 산업은 산업별 협의체 등이 중심축이 될 수 있을 것이다. 특히 비슷한 문제에 직면한 기업끼리 정보를 공유하고 함께 이를 해결해나갈 수 있도록 실시간 협의 및 대응을 위한 플랫폼을 구축하는 것도 논의됐으면 한다.

그동안 ESG 논의가 진전되면서 ESG 경영의 성패를 좌우하는 핵심 영역은 결국 공급망이라는 점에 공감이 형성되고 있다. 중요한 점은 공급망에 초점을 맞춘 'ESG 렌즈'가 1차 협력사에 그치지 않을 것이라는 것이다. 아직까지 공급망의 심도深度를 어디까지로 할지에 대한 논의는 활발하지 않은 편이다. 하지만 2차, 3차 등으로 범위가 확장될 수 있다. 이런 점에서 외부에서 몰려오는 파고波高에 수동적으로 대응하기보다는 이번 기회에 공급망 자체의 체질을 ESG를 중심으로 개선하기 위한 종합대책 수립 등 능동적인 자세가 긴요하다고 할 수 있다. 우리 경제는 수출 의존도가 높은 만큼 '풀뿌리 공급망'의 ESG 혁신은 이제 피해갈 수 없는 과제가 됐다.

기후변화 다음은
생물다양성 손실 위기
—

자연 하면 편안하게 휴식을 취할 수 있는 공간을 먼저 떠올리게 된다. 하지만 시선을 더 크게 넓혀보면 자연의 역할은 여기에 그치지 않는다. 이산화탄소를 흡수해 기온 상승을 억제하는가 하면, 수질을 조절하고 물이 잘 순환하게 한다. 또 식량을 공급하고 건축자재, 의약 재료 등 다양한 산업원료를 제공하고 있다. 자연이 주는 '생태적 서비스'의 대표적 사례들이다.

이와 관련해 최근 생물다양성biodiversity이란 용어가 자주 언급되고 있다. 생물다양성은 미생물을 포함한 동물과 식물 등 생명체와 생명체가 존재하는 환경, 즉 생태계의 다양성을 포괄하는 개념이다. 이 말이 중요해진 이유는 생물다양성에 심각한 문제

ESG 경영혁신 글로벌 초일류 기업에서 배워라!

가 생겨 인류의 삶과 경제에 위기 신호가 깜빡이고 있기 때문이다. 이른바 생물다양성 손실 이슈이다. 세계경제포럼WEF에 따르면 그동안 인류의 활동은 토지의 75%와 해양 환경의 66%를 심각하게 변화시켰다. 수백만 종이 멸종 위기에 직면하는 등 식물과 동물 종 25%가량이 생존에 위협을 받고 있다.

특히 지난 1970년 이래 포유류, 조류, 파충류, 양서류 그리고 어류가 평균 68% 줄어든 것으로 나타났다. 인류가 환경에 압박을 가함으로써 생물다양성이 상실되는 속도가 자연적인 소멸 속도보다 100배나 빠른 것으로 지적되고 있다. 게다가 설상가상으로 기후변화가 이를 가속화하고 있다. 동물 20종 중 한 종은 지구온난화, 이 한 가지의 요인 탓에 멸종될 상황에 놓여 있으며, 해상 어류의 4분의 1이 머무는 터인 산호초의 99% 이상이 훼손될 것으로 우려되고 있다. 그 결과 생물다양성 손실은 향후 10년간 인류에게 가장 큰 리스크 중의 하나가 될 것으로 꼽히고 있다.

생물다양성 손실은 그 자체로도 심각한 문제이다. 더 주목해야 할 점은 사회와 경제 활동이 본질적으로 여기에 크게 의존하고 있다는 사실이다. WEF의 연구 결과를 보면 전 세계 국내총생산GDP의 절반이 넘는 44조 달러의 경제적 가치 창출이 자연과 생태적 서비스에 크게 기대고 있다. 의존도가 높은 3대 산업은 건설(4조 달러), 농업(2.5조 달러), 식음료(1.4조 달러)이다. 이들 3개 산업의 규모는 독일 경제의 2배 가까운 수준이다. 게다가 화학, 항공, 여행, 부동산 등 6개 산업의 공급체인이 창출하는 총부가가치의 절반 이상이 자연과 밀접한 관련을 맺고 창출되고 있다. 이렇듯 자연의 기여도가 큰 만큼 생물다양성이 흔들리고 있는 현상은 그대로 경제 및 경영 리스크로 이어지고 있다.

자연 파괴가 가져오는 기업 리스크는 크게 3가지로 구분되고 있다. 먼저, 기업이 자연에 의존하는 데서 오는 리스크이다. 커피가 좋은 예이다. 기후변화와 병충해, 삼림파괴 탓에 커피 품종의 60%가 사라질 위험에 놓여 있다. 이런 우려가 현실화할 경우 글로벌 커피 시장은 심각한 불안정 상태에 빠질 것으로 보인다. 또 기후변화로 인해 대규모의 산호초 손실이 일어나면 관광산업에 대한 부정적 여파가 클 것으로 예상된다. 두 번째 리스크는 기업이 자연에 주는 부정적 영향과 관련이 깊다. 현재 각국 정부는 이를 억제하기 위해 다양한 규제를 도입하고 있다. 프랑스는 기업이 공급체인에 대한 환경 평가를 하도록 의무화하는 법을 제정했으며, 인도네시아는 새로운 농업허가를 제한함으로써 습지 개발 모라토리움(중단)을 선언했다. 이뿐만이 아니다. 투자자와 신용평가사도 기업을 평가할 때 환경에 대한 영향을 들여다보고 있다. 마지막으로 세 번째 리스크는 자연 손실이 사회에 미치는 영

ESG 경영혁신 글로벌 초일류 기업에서 배워라!

향에서 생기고 있다. 보건이 적절한 예이다. 실제로 우리는 글로벌 경제의 발목을 잡아 온 코로나 바이러스의 확산을 통해 자연 훼손이 가져오는 파괴적 결과를 그동안 목도해 왔다. 에볼라나 지카바이러스도 삼림파괴가 발생시킨 감염병이다.

결국 생물다양성 손실은 이를 방치하면 경제에 큰 충격을 줄 것으로 우려된다. 세계은행은 자연이 제공하는 생태적 서비스가 붕괴하면 오는 2030년까지 매년 글로벌 GDP가 2.7조 달러씩 줄어들 것이라고 경고하고 있다. 충격적인 연구 결과도 있다. 매사추세츠 등 대학 연구진의 분석 결과를 보면, 꽃가루받이를 하는 곤충이 크게 줄면서 과일, 야채, 그리고 견과류 생산이 3~5% 감소하고 이로 인한 식량 부족과 질병 발생으로 세계적으로 사망자가 42만 7천 명 발생하는 것으로 나타났다.

생물다양성 손실에 빨간불이 켜지면서 경제에 악영향이 우려됨에 따라 이 문제에 적극적으로 대응하기 위한 국제적 논의의 발걸음도 빨라지고 있다. 먼저 국가 간의 협의 테이블. 이와 관련해 중요한 분기점은 2022년 12월 20일 캐나다 몬트리올에서 열린 제15차 생물다양성협약 당사국총회COP15다. 196개국이 참가한 이 회의에서는 전 지구적 생물다양성 전략 계획인 쿤밍-몬트리올 글로벌 생물다양성 프레임워크GBF가 채택됐다. GBF의 핵심은 2050년까지 '자연과 조화로운 삶'이라는 비전을 달성하고, 이에 앞서 2030년까지 '30×30' 목표를 실현한다는 것이다. '30×30'은 육상과 해상의 각각 30%를 보전·관리한다는 내용이다. 구체적으로 말해 2030년까지 생물다양성 손실을 중단시키고 회복시켜 '네이처 포지티브nature-positive'를 이루겠다는 로드맵이다.

이와 별도로 생물다양성에 미치는 기업의 부정적 영향을 줄여나가기 위한 민간의 보폭도 커지고 있다. 이 대열에는 기후변화와 ESG의 경우처럼 투자자들이 선제적으로 움직이고 있다. 투자자들은 생물다양성을 기후변화와 같은 기업의 리스크로 보고 있다. 상황이 나빠지면 피투자기업의 재무 상태가 악화해 자산가치가 급락할 가능성에 대해 우려하고 있다는 얘기다. 2022년 12월 기관투자가들이 연합체인 '네이처 액션 100'을 출범시킨 이유이다. 이들은 100개 핵심 기업을 선정했으며 이들 기업이 자연을 보호하고 회복시킬 방안을 내놓도록 압박해간다는 계획이다. 투자자들의 움직임과 관련해 눈여겨볼 것은 '자연자본'이라는 개념이다. 자연도 공장이나 기계같이 경제적 가치를 창출하는 만큼 자본으로 봐야 한다는 것이다. 숲, 해양, 물 등 자연 자원뿐만 아니라 생태계를 지탱하는 생물다양성도 자연자본에 포함돼있다. 세계 최대의 자산운용사인 블랙록은 기업의 비즈니스 모델이 자연자본에 중대하게 의존하고 있는 만큼 이를 기업이 지속가

ESG 경영혁신 글로벌 초일류 기업에서 배워라!

능한 중장기 재무 이익을 창출하는 요소로 보고 있다고 강조하고 있다.

투자자들이 특히 주안점을 두고 있는 것은 자연과 관련된 공시제도의 도입으로 현재 TNFD(자연 관련 재무 공시 태스크포스)가 운영되고 있다. TNFD는 블랙록, 뱅크오브아메리카 등 금융기관과 기업 등이 참여하고 있는데 기후 관련 공시 프레임워크인 TCFD와 유사한 틀로 만들어졌다. 큰 틀에서 보면 자연 관련 지배구조, 전략, 위험관리, 측정지표와 목표치를 공시하도록 하는 게 핵심 내용이다. TNFD는 지난해 9월 최종안을 발표했다. 특히 ISSB는 TNFD와 협의해 기후공시와 자연 생태계, 생물다양성 등 이슈를 연계하는 안에 대해서도 검토에 들어갔다.

지금까지 살펴본 것처럼 생물다양성과 자연자본 얘기는 더이상 기업 경영과 멀리 떨어져 있는 '한가한 이슈'가 아니다. 지구온난화를 억제하기 위해 각국이 파리기후협약에 서명했던 것처럼 생물다양성의 '파리기후협약 버전'을 만들려는 논의가 진행되고 있는 것이다. 여기에다 돈 냄새에 민감한 투자자들이 생물다양성을 기업 가치에 리스크를 가져올 요인으로 보고 공시제도 도입과 함께 경영 관여 등을 통해 기업이 이를 관리해나가도록 제도화할 채비를 갖추고 있다. 무엇보다 ESG, 기후변화, 그리고 생물다

표19 TNFD 공시 프레임워크

항목	내용	공시항목
지배구조	자연에 대한 기업의 의존, 영향, 리스크, 기회에 대해 기업의 지배구조를 공시	• 자연 관련 의존, 영향, 리스크, 기회에 대한 이사회의 감독 설명 • 자연 관련 의존, 영향, 리스크, 기회를 평가·관리하는 경영진 역할 설명 • 원주민과 지역사회 등과 관련해 인권정책과 활동, 이사회와 경영진의 감독에 대해 설명
전략	자연 관리 의존, 영향, 리스크, 기회가 사업모델과 전략, 재무에 미치는 영향 공시(해당 정보가 중대한 경우)	• 단기, 중기, 장기에 걸쳐 확인된 자연 관련 의존, 영향, 리스크, 기회 설명 • 자연 관련 의존, 영향, 리스크, 기회가 사업 모델, 공급망, 전략, 재무계획, 전환계획 등에 미치는 영향 설명 • 다른 시나리오 고려 시, 자연 관련 리스크와 기회에 대한 전략의 회복력 설명 • 우선 지역의 기준에 부합하는, 기업의 직접 활동 내의 자산과 활동, 업스트림과 다운스트림 공급망의 지역 공시
리스크 및 영향 관리	기업이 어떻게 자연 관련 의존, 영향, 리스크, 기회를 확인, 평가, 모니터하고 우선 순위화하는지 공시	• 직접 운영하는 곳에서 자연 관련 의존, 영향, 리스크, 기회를 확인·평가·우선시화하는 절차 설명 • 업스트림과 다운스트림에서 자연 관련 의존, 영향, 리스크, 기회를 확인·평가·우선시화하는 절차 설명 • 자연 관련 의존, 영향, 리스크, 기회를 관리하는 과정 설명 • 자연 관련 리스크를 확인·평가·우선시화·모니터하는 절차가 어떻게 전반적 리스크 관리에 통합돼있는지 설명
지표 및 목표치	중대한 자연 관련 의존, 영향, 리스크, 기회를 평가·관리하기 위한 지표와 목표치 공시	• 전략과 리스크 관리 절차의 맥락에서 중대한 자연 관련 리스크와 기회를 평가·관리하는데 활용되는 지표 공시 • 자연에 대한 의존과 영향을 평가·관리하는데 활용되는 지표 공시 • 자연 관련 의존, 영향, 리스크, 기회를 관리하는데 활용되는 목표치와 목표, 그리고 이에 대비한 성과를 설명

ESG 경영혁신 글로벌 초일류 기업에서 배워라!

양성에 대해 별도 또는 통합의 공시 표준안이 마련될 것으로 보인다. 기업 ESG 경영에 있어 '기후변화 다음은 생물다양성'이라는 말이 나오고 있는 이유이다. 생물다양성은 기업에 부담을 주는 것만은 아니다. 자연 친화적인 경영이 이뤄지면 2030년까지 매년 10조 달러의 새로운 기업 가치가 만들어질 것으로 추산되고 있다. 이젠 '네이처 포지티브'라는 새 물결에 탑승하지 않으면 기업이 생존하고 성장하기 어려운 시대에 들어서고 있다. 전향적으로 움직여 새 길을 개척할지 아니면 기존 비즈니스 모델에 집착하다가 위기에 직면할지, 선택은 기업의 몫이다.

중소기업,
ESG 경영 어떻게 해야 하나?

—

중소기업인 G그룹 계열사의 한 공장에서 근로자가 기계에 끼이는 사고로 숨지면서 산업안전 문제가 대두됐다. 유족 측은 해당 기업이 기계 덮개를 설치하지 않는 등 안전조치를 지키지 않아 중대재해처벌법을 위반했다고 주장했다. 사고의 파장은 여기에 그치지 않았다. 소비자들이 사고 발생에 대한 기업의 책임론을 제기하면서 제품 불매 운동을 펼쳤고, 이는 매출 감소로 이어졌다. 부실한 ESG 경영이 위기로 이어진 사례이다.

우수한 사례도 있다. H사는 '다쳐가면서 해야 할 중요한 일은 없다'는 경영철학을 바탕으로 CSO를 위원장으로 한 안전관리조직을 운영하고 있다. 환경 부문에서도 종이 포장재 등 친환경 제품을 상용화하기 위해 노력하고 생물다양성 및 산림 보호정책을 수립해 우수한 평가를 받고 있다. 또 차별 없는 근무환경 등을 명문화하는 것을 골자로 한 인권경영 정책도 선언했다.

중소기업 ESG 경영의 현주소는 이처럼 그 양상이 엇갈리고 있다. 하지만 대기업에 비해 대응 역량이 부족한 중소기업으로서는 ESG 경영이 어려운 숙제인 것은 부인할 수 없는 게 현실이다. 중소벤처기업진흥공단의 조사 결과를 보면 중소기업의 절반 이상은 ESG 경영의 필요성을 인식하고 있지만, 준비에 들어간 기업은 25.7%에 그치고 있다. 상장사를 대상으로 지속가능보고서 발간 여부를 들여다봐도 중소기업일수록 발간 비율이 저조한 수준에 머물고 있다. 전경련은 선진국 기업의 ESG 경영을 10점으로 평가했을 때 국내 대기업은 7점, 중견기업은 5점, 중소기업은 4점으로 보고 있다.

문제는 사정이 어렵다고 해서 ESG 경영의 큰 흐름을 피해갈 수 없다는 데 있다. 직접 수출을 하든 수출기업의 공급망에 들어 있든 ESG 경영은 기업으로서는 반드시 입어야 하는 '드레스코드' 같은 필수조건이 됐다. 글로벌 제도들이 잇따라 만들어지고 있기 때문이다. 오는 2026년부터 EU에서는 철강 등 6개 품목을 대상으로 탄소배출량에 대해 금전적 부담을 지우는 탄소국경조정제도^{CBAM}가 시행된다. 공급망에서 환경훼손과 인권침해를 식별, 예방, 해소하는 조치를 의무화하는 실사 제도^{CSDDD}도 EU의 테이블에서 성안이 마무리 단계에 들어섰다. 기업이 탄소배출량 등을 공시하도록 하는 제도도 다양한 경로에서 윤곽을 드러내고 있다. G20의 지지를 받는 ISSB^{국제지속가능성기준위원회}가 이미 공시 최종안을 발표했고 미국도 막바지 작업을 하고 있다.

피할 수 없는 ESG 경영. 중소기업은 어떻게 대응해나가야 할까? 무엇보다 대기업과 금융기관의 적극적인 지원이 필요하다. 대기업은 협력업체인 중소기업의 ESG 경영 수준을 높이기 위해 컨설팅 및 교육 제공, 자금과 기술지원 등을 해야 한다. 정부는 중소기업을 거드는 대기업에 대해서는 세제 혜택을 부여하는 등 인센티브를 부여할 필요도 있어 보인다. 금융기관 역시 컨설팅과 디지털 플랫폼 구축, 잘하는 기업에 대한 금리 우대 등 중소기업의 ESG 경영을 돕는 일에 나서야 한다.

중소기업의 자체적인 노력도 필요하다. 무엇보다 환경과 사람을 돌보는 투명한 경영을 뜻하는 ESG의 가치를 경영 전반에 내재화해 기업가치를 제고하겠다는 CEO의 의지와 진정성이 중요하다. 전사적 공감대를 형성하고 ESG를 추진하기 위한 내부 조직도 정비해야 한다. ESG 경영은 범위가 넓은 만큼 이 중 자사에 중대한 지표들을 가려내 선택과 집중을 하는 전략이 효율적이다. 시급하고 관리하기 쉬운 환경경영 시스템 구축 등을 단기 과제로 추진하되 나머지 중요 과제는 상대적으로 호흡을 길게 가지고 중장기 과제로 풀어나가는 차별화 전략을 시행해야 한다.

그린워싱은 사절!

그린워싱은 실제로는 그렇지 않은데 친환경 경영을 하는 것처럼 또는 친환경 제품인 것처럼 꾸미는 행위를 말한다. 적지 않은 기업들이 그린워싱 논란의 도마 위에 오르고 있다.

한 글로벌 신발제조업체는 '플라스틱 폐기물 종료END PLASTIC WASTE' 로고를 홍보 이미지로 사용한 적이 있다. 친환경적 제품임을 강조하기 위한 것이었다. 하지만 제품 전체가 아닌 일부만 재활용 플라스틱으로 만들어진 것으로 밝혀졌다. 이 기업은 그린워싱 비판을 받는 데 그치지 않았다. 프랑스에서 유죄판결을 받기까지 했다. 국내 한 화장품 기업도 그린워싱 논란으로 곤욕을 치렀다. 발단은 종이 용기를 쓴 것으로 홍보한 데서 시작됐다. 문제는 용기 안에 플라스틱 용기가 덧대어 있었다는 점. 그린워싱에 대한 비판의 목소리가 커졌다. 겉에다 종이를 써 플라스틱 사용을 크게 줄였음에도 불구하고 용기 전체가 종이인 것으로 소비자들이 잘못 인식하게 한 점이 패착이었다. 그린워싱은 금융상품에서도 나타나고 있다. ESG 집중 ETF 펀드인 ESGU의 경우 기후 전체 자산의 3.1%를 기후변화에 책임이 있는 석유와 가스 부문에 투자하고 있는 것으로 나타났다. 영국에서는 ESG 관련 펀드들이 저탄소를 내세운 포트폴리오의 3분 1을 역시 석유와 가스 부분에 투자하고 있는 것으로 밝혀졌다.

그린워싱에는 다양한 유형이 존재한다. 실제와 다르게 거짓말을 하는 것은 명백한 그린워싱 사례이다. 또 신뢰할 수 없는 제삼자의 인증이나 자료 등을 내세우면서 입증되는 않은 친환경 주장을 하는 경우도 해당한다. 근거 없이 에너지 효율이 높은 전구라고 하는 광고가 대표적 예이다. 소비자들의 오해를 유발하는 애매한 주장도 있다. '올 내츄럴All-natural'이라고 하는 홍보 문안이 그렇다. 비소와 우라늄 등은 자연적으로 생겨난 것이지만 유해하다. '올 내츄럴'이 반드시 양질의 친환경 품질을 의미하지는 않는다.

ESG 경영이 확산되면서 역설적으로 그린워싱 논란도 커지고 있다. 모닝스타 서스테이널리틱스가 CEO를 대상으로 실시한 설문조사 결과를 보면 CEO 중 58%가 지속가능 성과에 대해 과장하거나 잘못된 주장을 펼쳤다고 인정했다. 에델만의 조사에서는 미국, 일본, 독일, 영국 등 7개국 투자자의 82%가 기업들이 ESG 경영 성과를 자주 과장하고 있다고 보고 있는 것으로 나타났다.

왜 이런 일이 일어날까? 그린워싱에 대한 정확한 판단 기준이 없는 탓이 크다. 이런 상황에서 ESG 경영 압박에 직면한 기업들이 무리하게 성과를 부풀리는 단기성과주의에 의해 움직이는 게 주요 원인인 것으로 지적되고 있다. 문제는 그린워싱이 소비자에게 큰 피해를 준다는 데 있다. 친환경적이지 않은 제품을 잘못 구매하게 하는 등 합리적 소비 활동을 방해하기 때문이다.

이 때문에 각국 정부는 그린워싱에 대한 규제에 적극적으로 나서기 시작했다. 국내에서는 공정거래위원회가 환경 관련 표시·광고지침을 개정해 이를 방지할 기준을 제시했다. 예컨대 침대

ESG 경영혁신 글로벌 초일류 기업에서 배워라!

중 매트리스에 대해서만 친환경 인증을 받았는데도 '친환경 침대'로 홍보하면 기만 광고라고 규정했다. 환경부도 '친환경 경영활동 광고·표시 가이드라인'을 마련했다.

그린워싱을 막기 위해서는 규제도 규제지만 기업 스스로 자율적 노력을 하는 게 중요하다. 허위 주장은 당연히 하면 안 되며 정확한 인증 등에 근거한 홍보로 과장 광고를 하지 않아야 한다. 또 측정 결과 같은 구체적인 정보를 활용해 명확하고 이해하기 쉬운 주장을 하고 오도할 수 있는 이미지 사용을 자제해야 한다.

‖ 참고자료 ‖

단행본

- 리베카 핸더슨(2020), 임상훈 옮김, 『자본주의 대전환』, 에크로스

- 알렉스 에드먼스(2020), 송정화 옮김, 『ESG 파이코노믹스』, 매일경제신문사

- 엘라 F. 워싱턴(2022), 이상원 옮김, 『다정한 조직이 살아남는다』, 갈매나무

- 이형종(2022), 『퍼포스 경영』, 시크릿하우스

- 최남수(2021), 『이해관계자자본주의』, 도서출판 새빛

- 최남수(2022), 『넥스트ESG』, 도서출판 새빛

- 최남수(2023), 『생물다양성 경영』, 도서출판 새빛

- 폴 폴먼·앤드루 윈스턴(2021), 『넷 포지티브』, 현대지성

- 한국경영학회(2023), 『이해관계자 중심 경영』, 박영사

- PAUL POLMAN·ANDREW WINSTON(2021), 『net positive』, HARVARD
  BUSINESS REVIEW PRESS

논문/보고서

- 김동영(2020), ESG평가등급이 잉여현금흐름에 미치는 영향, 商業敎育硏究

  제34권 제4호

- 김범석·민재형(2016), 기업의 ESG 노력과 재무성과의 선후행 관계: 탐색적 연구,

  한국생산관리학회지 제27권 제4호

- 김용·조재한(2022), 기업 ESG 경영 확대에 대한 산업정책적 접근, 산업연구원

- 김윤경(2020), 기업 비재무정보(ESG) 공시가 재무성과와 기업가치에 미치는 영

  향, 규제연구 제29권 1호

- 김현수(2021), ESG 경영성과에 대한 연구의 현황과 발전방향,

  韓中社會科學硏究院 제19권 제1호

- 법무법인 화우 ESG센터(2023),

  美 캘리포니아주, scope 3 포함 기후공시의무법안 실행 전망

  EU, CSRD 도입 공식화

  환경부, 국내기업 그린워싱 예방을 위한 '친환경 경영 활동

  표시·광고 가이드라인' 발표

  EU와 미국, 그린워싱 규제 동향

- 삼정 KPMG(2023), ESG 정보공시 의무화 시대, 기업은 무엇을 준비해야 하는가?

- 양병모·양오석(2023), ESG 활동이 기업성과에 미치는 영향: 균형적 ESG 경영전

  략의 조절 효과를 중심으로, 국제경영리뷰 제27권 제2호

- 이상호 등(2022), ESG 활동의 가치관련성 제고를 위한 개선과제, 자본시장연구원

- 이시연(2021), '국내외 ESG 투자 현황 및 건전한 투자 생태계 조성을 위한 시사

점', 금융연구원

- BEST BUY, Environmental, Social and Governance Report 2022

    Supplier Code of Conduct

    Human Rights Statement 2020
- Gunnar Friede 등 3명(2015.11.), ESG and financial performance; aggregated evidence from more than 2000 empirical studies', Journal of Sustainable Finance & Investment
- Harvard Business Review(2019.9.24.), The Top 20 Business Transformation of the Last Decade
- Harvard Business Review(2021.11.19.), Former Unilever CEO Paul Polman Says Aiming for Sustainability Isn't Good Enough-The Goal Is Much Higher
- Harvard Business Review(2019.9-10), Put Purpose at the Core of Your Strategy
- KPMG(2023), KPMG 2023 CEO Outlook
- KPMG(2023), KPMG U.S. ESG and Financial Value Survey
- McKinsey Sustainability(2023), Decarbonize and create value: How incumbents can tackle the steep challenge, McKinsey & Company
- McKinsey Quarterly(2019.11.), Five Ways that ESG creates value, McKinsey & Company
- McKinsey & Company(2023.5.26.), ESG momentum: Seven Reported traits that set organizations apart

- Microsoft, 2022 Environmental Sustainability Report

 Global Diversity & Inclusion Report 2023

 The 2023 Impact Summary

 Supplier Code of Conduct

- MSCI(2019.7.), Foundations of ESG Investing; How ESG Affects Equity

 Valuation, Risk, and Performance, the journal of PORTFOLIO management

- NESTE, Annual Report 2022

 Corporte Brochure 2023

 Code of Conduct

 Supplier Code of Conduct

 Human Rights Principle

 Change runs on renewables

 Our transformation journey

- Orsted, Orsted Sustainability Report 2022

 Orsted Sustainability Report 2020

 Our green business transformation

 Good Business Conduct Policy

- Pwc Korea(2023.1.), EU CSRD 기업지속가능성보고지침 주요 내용

 (2023.9.), EU CSRD·ESRS 이해 및 대응방안

- Robert G. Eccles 등 3명(2021.3.), THE IMPACT OF CORPORATE

 SUSTAINABILITY ON ORGANIZATIONAL PROCESSES AND PERFORMANCE,

NATIONAL BUREAU OF ECONOMIC RESEARCH

- SoftBank Group, Sutainability Report 2022

                    Supplier Code of Conduct

                    Group Environmental Policy

                    Human Rights Policy

- The Coca-Cola Company, 2022 BUSINESS & SUSTAINABILITY REPORT

                        Principles for Sustainable Agriculture(PSA)

                        Supplier Guidelines

                        Supplier Guiding Principles

                        The Coca-Cola Company Human Rights Policy

- Unilever, Unilever Annual Report and Accounts 2022

            Human Rights Report Interim Update 2022

            Climate Transition Action Plan Accessible 2023

            Code of Business Principles 2023

            Human Rights Policy Statement 2023

            Human Rights Progress Report 2021

            Responsible Partner Policy

ESG 경영혁신 글로벌 초일류 기업에서 배워라!

기타

- 관계부처 합동(2023.10.), EU 탄소국경조정제도 준비현황 및 향후 대응방향

- 대한상공회의소· 대신경제연구소(2023), EU환경규제 및 공급망 ESG 실사 대응
  전략 세미나

- Born2Invest(2023.1.20.), ESG Analysis of the Coca-Cola Company

- Corporate Knights(2022 겨울), Global 100 companies prove sustainability is
  good for business

- ESG경제(2023.12.19.), 영국도 '27년부터 탄소국경제(CBAM) 도입

- ESGCLARITY(2023.11.6.), Unilever case study: Managing ESG controversy
  within a sustainable portfolio

- ET CFO(2023), How can ESG create value, reduce costs and increase
  revenues? knowesg.com

- FOOD PROCESSING(2022.9.23.), Unilever CEO: We Won't Back Down on
  ESG

- Fortune(2023.5.12.), The promise and peril of Microsoft's ESG policy plays

- Greenbiz(2023.11.6.), Unilever CEO signals radical shift in sustainability
  agenda

- INNOSIGHT(2019.9.), The Transformation 20: The Top Global Companies
  Leading Strategic Transformations

- Investopedia(2023.10.27.), Microsoft: This 'Magnificient Seven' Stock Also
  Is The Best ESG Company

- KNOWESG(2023.11.7.), Unilever's Net Zero Journey: 6 Ways

- Private Equity International(2023), 7 pillars of value creation: ESG

- Sustainable Brands(2023), Studay Shows Stronger ROI for Companies with
  High ESG Ratings

ESG 경영혁신
글로벌 초일류 기업에서 배워라!

초판 1쇄 인쇄 2024년 3월 1일
초판 1쇄 발행 2024년 3월 5일

지은이 최남수
발행인 전익균

이사 정정오, 김영진, 김기충
기획 조양제
편집 송희옥, 전민서
디자인 페이지제로
관리 이지현
마케팅 (주)새빛컴즈
유통 새빛북스

펴낸곳 도서출판 새빛
전화 (02) 2203-1996, (031) 427-4399 **팩스** (050) 4328-4393
출판문의 및 원고투고 이메일 svcoms@naver.com
등록번호 제215-92-61832호 **등록일자** 2010. 7. 12

가격 20,000원
ISBN 979-11-91517-69-9 13320